I0027882

Spedestä Säätiöön

PANU PETTERI HÖGLUNDIN ENGLANNIN- JA IIRINKIELISIÄ
TEOKSIA EVERTYPELTÄ:

Slavenia (Panu Petteri Höglund,
englanniksi kääntänyt Tim Quinlan, 2018)

The Book of Poison: Stories inspired by H. P. Lovecraft
(Panu Petteri Höglund & S. Albert Kivinen, 2014)

An Fhondúireacht
(Isaac Asimov, iiriksi kääntänyt Panu Petteri Höglund, 2014)

An Leabhar Nimhe: Scéalta a fuair spreagadh ó H P. Lovecraft
(Panu Petteri Höglund & S. Albert Kivinen, 2014)

An tSlaivéin (2013)

An Leabhar Craicinn: Scéalta earótacha (2013)

Sciorrfhocail: Scéalta agus úrscéal (2009)

Spedestä Säätiöön

Panu Petteri Höglund

evertype
2017

Julkaisija/*Published by* Evertype, 73 Woodgrove, Portlaoise, R32 ENP6, Ireland.
www.evertype.com.

Tekstin/*Text* © 2017 Panu Petteri Höglund.
Tämän julkaisun/*This edition* © 2017 Michael Everson.

Kaikki oikeudet pidätetään. Mitään osaa tästä julkaisusta ei saa monistaa, saattaa saataville uudessa ulkoasussa eikä lähettää viestimissä riippumatta siitä, käytetäänkö elektronisia, mekaanisia, valokopioperustaisia, tallenneperustaisia vai muita keinoja, paitsi lain yksiselitteisesti sallimalla tavalla tai julkaisijalta taikka julkaisuoikeuksia valvovalta organisaatiolta etukäteen saadulla luvalla. *All rights reserved. No part of this publication may be reproduced, stored in a retrieval system, or transmitted, in any form or by any means, electronic, mechanical, photocopying, recording, or otherwise, without the prior permission in writing of the Publisher, or as expressly permitted by law, or under terms agreed with the appropriate reprographics rights organization.*

Tämän kirjan luettelotietue on saatavissa British Librarylta.
A catalogue record for this book is available from the British Library.

ISBN-10 1-78201-116-1
ISBN-13 978-1-78201-116-3

Dutch Medieval Pro-kirjasintyyppiä käyttäen latonut Michael Everson.
Typeset in Dutch Medieval Pro by Michael Everson.

Kansi/*Cover*: Mathew Staunton.

Painotyö/*Printed by* LightningSource.

Sisällys

Speden jäljillä: retrospektiivi 1

Barsoomin tanssi 25

Säätiön aikaan 75

Speden jäljillä: retrospektiivi

S pede Pasanen on niitä kansanviihdyttäjiä, joita vuosikymmen-
ten varrella on ollut liiankin helppo halveerata ja väheksyä.
Hänen poismenostaan on jo aikaa, ja yhä useammat meistä muis-
tavat hänen aikaansaannoksistaan vain ne noloimmat, ts. Speden
Spelit ja myöhäiset Turhapuro-elokuvat. Vakiintuneena viihde-
keisarina Spedestä tuli valitettavasti pelkkä parodia itsestään ~
kun hänellä oli riittävästi resursseja toteuttaa huonoimmatkin
ideansa, hän myös teki niin, ja jälki oli sen mukaista. Hän oli ehkä
voittanut omakseen koko maailman, mutta saanut siinä sivussa
sielulleen vahingon. Sinänsähän tämä on kansanhauskuttajan ta-
vallinen tarina: kun maine on liian mahtava, ympärille ei enää
mahdu työryhmää, jonka jäsenet johtaja tunnustaisi vertaisikseen
ja jotka auttaisivat viilaamaan hyvistä ideoista parempia ja raak-
kaamaan huonot. Ei siksi että Spede parhaimmillaankaan olisi
ollut kovin innokas työstämään ja parantelemaan päähänpistojaan
~ suunnittelemattomalta näyttävä kohellus on sekä hänen voi-
mansa että heikkoutensa ~ mutta oliko se todella niin suunnitte-
lematonta?

Suosio kuitenkin pahimmillaan sekä vei että söi miestä, mistä
Uuno-elokuvat ovat tunnetuin esimerkki. Alun perin Uuno Tur-
hapuro oli tarkoitettu vain kerralliseksi kehitelmäksi televisioket-
sien pohjalta, mutta kansaa mielistelläkseen Spede joutui hirttäy-
tymään loputtomiin Uunoihinsa niin, ettei hänellä enää riittänyt
voimia muuhun. Uuno-myllyn päästyä kunnolla vauhtiin Spede
ei saanut aikaan käytännöllisesti katsoen ensimmäistäkään millään
tavalla muistettavaa elokuvaa ilman Turhapuroa (jos nyt ole-
tamme, että niissä Uunoissakaan paljoa katsomista on). Kuvaavaa
kyllä Speden viimeinen mainitsemisen väärti "ei-Uuno"-komedia

1

oli *Tup akka lakko*, joka oli eräänlainen *cross over* -elokuva: Uunon henkilöhahmo esiintyi siinä, mutta ei pääosassa. Siitäkään ei oikein jäänyt mieleen muuta kuin kahden tupakkalakkolaisen kaksintaistelu vanhan hyvän ajan Spedelle tunnusomaisena hulppeana ideana, joka tietysti myös ~ kuinkas muuten ~ viittaa omalla hauskalla tavallaan lännenelokuviin.

Tällä en ole sanomassa, että Uunot pitäisi järkiään kuitata huonoina elokuvina jopa Speden mittapuulla. Uuno Turhapurokin on ollut aluksi nokkela ja omaperäinen idea, ja kuten hyvän hauskutuksen yleensä, Uunonkin taustalla on synkkä siivu vakavaa ja traagista todellisuutta. Hannu Lauerman ajatusta mukaillakseni Uunon hahmossa oli kyse monille aikakauden suomalaisille miehille tapahtuneen, mielenterveyden kannattimia järkyttävän elämänkohtalon lyömisestä leikiksi ronskilla, lähes evakkorekihenkisellä "ilo pintaan vaik syän märkänis" -huumorilla. Suuren muuton aikakausi oli tuonut maalta kaupunkeihin laumoittain nuoria miehiä kultaa vuolemaan, mutta joka pojan puukko ei purrut, ja kun heidät oli kasvatettu kliiseprotestanttisen pärjäämisetiikan hengessä, se otti koville.

Uuno on harvahampainen, vaimonsa rahoilla kaljoitteleva ja sohvalla patalaiskana vetkutteleva renttu, joka kutsuu itseään aina "johtaja" Turhapuroksi ikään kuin kyseessä olisi synnynnäinen aatelisarvo, ja kun hänet vasta provinssista Helsinkiin saapuneena neuvotaan työnvälitykseen, sana "työ" osoittautuu hänelle uudeksi ja vieraaksi sivistyssanaksi, jota hän ei aluksi edes osaa ääntää. Uunoa voi pitää asiallisesti ottaen elämässään epäonnistuneena miehenä, mutta rajattoman itsetuntonsa ansiosta hän ei anna hyvän tuulensa järkkyä hetkeksikään. Juuri tämän takia Uuno on niin terapeuttinen hahmo.

Aina välillä ilmenee, että Uunolla on todellisia syitäkin omahyväisyyteensä: parissakin seikkailussaan hän on osoittautunut ainakin lahjakkaaksi musiikkimieheksi. Kaikkein ensimmäisessä Turhapuro-elokuvassa sankari itse asiassa kouluttautuu viulistiksi ja saa valtavaa suosiota, mutta lopettaa huikaisevan menestyskiertueen jälkeen uransa, koska haluaa mieluummin kuitenkin vetelehtiä sohvalla ja juoda olutta. Toisella kertaa taas Uunoa luullaan venäläiseksi kapellimestari Jetvusenkoksi, mutta hän hyppää rooliin vaivatta, huitoo orkesterin aidolla tunteella huimaan loppunousuun ja kuittaa hyvinkin oikean Jetvusenkon arvoiset aplodit.

Sekä Uunon musikaaliset kyvyt että ne erikoistaidot, joita hänelle aika ajoin ilmaantuu kun hän haluaa hankkia kaljaa ja syötävää joutumatta tekemään työtä niiden eteen, herättävät kysymyksen, eikö Uuno-hahmo pohjimmiltaan pitäisi nähdä suomalaisena vastineena Teräsmiehelle. Eräässä Uuno-elokuvassa sankarimme esimerkiksi pystyy tarkalla vainullaan haistamaan ruuan tuoksun ikkunalasin läpi. Myös se, että hän kykenee hankkimaan kioskimyyjältä ilmaiset nakit esiintymällä terveystarkastajana, joka varmistaa, etteivät nakit sisällä asiattomia aineita (tietenkin oman henkensä koemaistamalla riskeeraten, kuinkas muutenkaan), on pohjimmiltaan supervoima: eihän Uunon kaltainen spurgun näköinen mies kykenisi puhumaan ympäri ihmisiä niin lahjakkaasti ilman yli-inhimillisiä kykyjä.

Tämä supersankari vain käyttää voimiaan uunomaisiin tarkoituksiin, vetelehtimisen ja kaljoittelun mahdollistamiseen. Kapitalismi toimii hieman toisin, vaikka tavoite on periaatteessa sama: työntekijä panee omat supersankarin kykynsä toimimaan työnantajan hyväksi, ja työnantaja maksaa hänelle sitten palkan, jolla hän voi rahoittaa (työajan ulkopuolella tapahtuvan) vetelehtimisensä ja kaljoittelunsa. Uunonkin supervoimat voisi valjastaa yhteiskunnan tai talouselämän käyttöön, ja aika ajoin näin näyttää käyvänkin, mutta lopulta Uuno kuitenkin palaa vanhaan lokoisaan elämäntyyliinsä.

Uuno muistuttaa itse asiassa pitkälti sitä stereotypiaa, joka meillä täällä niska limassa uurastavassa pohjoisessa on epämääräisestä "etelämaalaisesta". Jos unohdetaan selvästi rasistiset ajatukset, klisee-"etelämaalainen" on sellainen, joka voi olla älykäs ja lahjakaskin, mutta joka mukavuudenhalussaan, seurallisuudessaan ja lyhytjännitteisyydessään mieluummin keskittyy nauttimaan elämästä, viinistä (tai keskikaljasta, jonka voisikin tässä yhteydessä kirjoittaa uunomaisen tekohienostuneesti italialaisittain *chèschicaglia*), laulusta ja naisista, siestaa unohtamatta. Juuri tällainenhan Uuno on – sohvasiestan lisäksi hänen elämänsä suuria iloja on vikitellä vieraita vosuja tai nauttia ystäviensä Härskin ja

3

SPEDESTÄ SÄÄTIÖÖN

Lörssonin seurasta (siinä vaiheessa kun nimi vaihtui Sörsselssöniksi, Uuno-sarja oli jo härskiintynyt Hartikaistakin pahemmin). Uuno-hahmon terapeuttisuudesta kirjoittaessaan Hannu Lauerma mainitsee myös Uunon taipumuksen esittää "pisnesmiestä". Kyseessä on tietysti vain yksi tapa perustella ja oikeuttaa se, että Uuno on työelämän ulkopuolella. Itse asiassa turhapuroileva "liikemies", joka todellisuudessa keskittyy lisäarvon tuottamisen sijasta kansantalouden kuppaamiseen ~ yhteiskunnassa jo olemassa olevan rahan virtojen manipulointiin ja ohjaamiseen omalle tililleen ~ on valitettavan yleinen hahmo, joka pilaa oikeiden yrittäjien mainetta usein julkisuuteen asti pääsevällä rehentelyllään eikä tavallisesti tee ollenkaan niin sympaattista ja hyväntahtoista vaikutelmaa kuin Uuno.

Nykyaikaiset liikemies-Uunot herättävät tyypillisesti huomiota toistelemalla muodikkaita Ayn Randilta plagioituja iskulauseita pummien sortumisesta elon tiellä ja julistamalla olevansa itse Randin sankarihahmo John Galtin kaltaisia luovia yksilöitä, joiden kaikille siunauksellista vapautta valtio loukkaa varastamalla heidän hilunsa sosiaalipummien elättämiseen. Pienellä pengonnalla tällaisen "pisnesmiehen" taustalta löytyy sitten esimerkiksi yhteiskunnalta uunomaisesti ruinatulla starttirahalla pystytetty, mutta jo konkkaan mennyt firmantekele, jonka alkupääoman sankari on aidon turhapuromaisessa hengessä pannut viinaan, tupakkiin ja naisiin. Näitä kaikkia hän tietysti kehuu käyttävänsä ja tarvitsevansa suunnattomia määriä ja julistaa, että niiden saatavuutta pitäisi helpottaa hänenlaistensa tärkeiden rahamiesten tarpeiden vuoksi.

Meidän aikanamme yrittäjyys ja liikemieheys on ideologisoitu ja nostettu ihmisihanteiksi siinä määrin, että huomiotaloudessamme saattaa olla helpompaa menestyä esittämällä yrittäjää kuin toimimalla rehellisenä yrittäjänä ~ rahakkaampaa "olla liikemiestä" kuin olla liikemies. Täysin Turhapuro-sarjaan laskettavat tyypit ovat pystyneet tällä tavalla nousemaan suuriksi guruiksi ja esikuviksi, ilmeisesti jossain määrin myös siksi, että heillä on "Härski-Hartikaisensa", oikeastikin työllistävinä ja tuottavina yrittäjinä toimivat kaverinsa, jotka eivät kehtaa tai ymmärrä kysyä Uunoiltaan, missä tämän lavean rikastumis- ja köyhienhalveksun-

4

taretoriikan seassa oikeastaan on pihvi. Kukaan ei näe, tai ainakaan tunnusta näkevänsä, että keisarilla ei ole muita vaatteita kuin Uuno Turhapuron resuinen verkkopaita.

Uuno Turhapuro omii Speden tuotantopotentiaalin niin yllättäen, että tuntuu joskus siltä kuin hän olisi jonkinlainen ulkopuolinen rosmo, joka suunnilleen pyssyllä uhaten pakottaa Speden mukaansa. Ihan näin ei ole, vaan Uuno-hahmon näkee kyllä kehkeytyneen *auteur*in mielessä jo pitkään: elokuvan *Kahdeksas veljes* irtoideoita ainakin on siirtynyt Uunoon.

Kahdeksas veljes oli Speden elokuvaksi yllättävänkin juonellinen ja koossapysyvä. Mitään tekemistä Aleksis Kiven romaanin kanssa ei *Kahdeksannella veljeksellä* tietenkään ollut, mutta sitä ennen Spede oli tehnyt jo Robin Hood -parodian *Noin 7 veljestä* ja hyvinkin onnistuneen lännenelokuvan *Speedy Gonzales – noin 7 veljeksen poika*, joihin *Kahdeksannen veljeksen* nimen pitää kai ymmärtää viittaavan. Ei sillä tosin ollut paljoa yhtäläisyyksiä noihin kahteenkaan, jotka ovat komediallisuutensa ohessa myös railakkaita seikkailuelokuvia.

Kahdeksannessa veljeksessä Spede itse esittää alku-Turhapuroa, Jalli Riivatsaloa, joka parhaansa mukaan välttelee töitä mainosfirman "karvaisena keskusneitinä" keskittyen lähinnä sopimaan firman puhelimella treffejä tyttöystäviensä kanssa. Manipulointi- ja hurmaustaitojensa ansiosta hän saa työkaverinsa hoitamaan omat hommansa, eikä yhtiön toimitusjohtaja – Riivatsalo hänkin, mutta Kalevi etunimeltään ja Simo Salminen näyttelijänä – kehtaa antaa potkuja kaukaiselle sukulaiselleen sukuriidan pelossa. Jalli ei kuitenkaan ole tyytyväinen rahantuloon, vaan hankkii yhdessä Vesa-Matti Loirin esittämän kaverinsa Jaska Hujasen kanssa lisätuloja pikkuhuijauksilla, kuten myymällä vettä pimeänä viinana. Tämänkään touhun katteet eivät riitä, joten Jalli katsoo Suomen 20 rikkaimman perheen katalogista sopivan nuoren perijättären naitavakseen – aivan kuten Uuno sittemmin nai vuoristoneuvos Tuuran tyttären rahan toivossa.

Kuten Uuno, myös Jalli osoittautuu poikkeuksellisen lahjakkaaksi päästyään näyttämään kyntensä mainosmiehenä. Perijätärprojekti sitä vastoin menee pahasti köppätorville, sillä perijätär, aikakauden suositun, ilmeikkään ja monipuolisen naisnäyttelijän

Tarja Markuksen esittämä Marjut, keskittyy pitämään pilkkanaan Jallia. Jalli päättääkin lopulta palata köyhän, mutta kauniin, herttaisen ja kiltin oikean tyttöystävänsä Irmelin (roolissa tuolloinen kohukaunotar, Miss Suomeksikin valittu Ursula Rainio) huomaan, mutta liian myöhään: hän päätyy naimisiin Marjutin kanssa, joka yhdessä niin naurultaan kuin ruumiinrakenteeltaankin rehevän isänsä (Juhani Kumpulainen) kanssa lupaa tehdä hänen elämästään helvetin. Johtajan sukunimi Tässäpuro tuntuu jo hiukan enteilevän Turhapuroa.

Kahdeksas veljes on oikeastaan aika synkkä komedia ~ jos se edes on komedia. Itse asiassa Jalli Riivatsalon kohtalo on traaginen. Hän oivaltaa liian myöhään, että rikkaisiin naimisiin pääseminen ei avaa taivaita, mutta siinä vaiheessa onkin jo liian myöhäistä katua. Spede ei ole erityisen vasemmistohenkisen filmintekijän maineessa, mutta *Kahdeksas veljes* kelpaisi lähes sellaisenaan osallistuvaksi ja yhteiskuntakriittiseksi teokseksi Lindsay Andersonin ja Malcolm McDowellin *Onnen pojan* hengessä: molemmissa elokuvissa parhaisiin piireihin yrittävä kunnianhimoinen nuori mies kaatuu rähmälleen, koska ei ole riittävän kyyninen ja julma niihin sopeutuakseen. Kapitalismin henkilöitymänä johtaja Tässäpuro on lihava öykkäri ja hänen tyttärensä hemmoteltu, helposti ikävystyvä pissis, jonka ystävättäretkin ovat samanlaisia tyhmiä kiukuttelijoita. Uuno Turhapuron vaimo ja appiukkokin synnyttävät paljon sympaattisemman vaikutelman.

Kahdeksannessa veljeksessä esiintyy näyttäytymisosassa sellainen suuruus kuin lavahypnotisoija Olliver Hawk ~ hänestäkin Hannu Lauerma on kirjoittanut hiljattain teoksissaan. Itse muistan Hawkin tämän elokuvan lisäksi siitä, että vähän ennen kuin lähdin itse vanhasta kotikaupungistani Varkaudesta suureen maailmaan opiskelemaan, hän käväisi siellä esiintymässä ~ ilmeisesti yhdellä viimeisistä kiertueistaan, koskapa kuoli pari vuotta myöhemmin. Miesparka vaikutti jo silloin tippuneen ajan vaunuista: hänen julisteensakin oli kirjoitettu kömpelöllä suomella (*maailmankuulu hypnotisoijista ainoa elossaoleva*), ja esiintymispaikasta, Päiviönsaaren yläasteen koulusta, oli tullut *Päivölänsaari*. Jopa Varkaudessa alkoi siihen aikaan olla niin paljon muita virikkeitä, ettei tällaisilla kiertävillä silmänkääntäjillä enää oikein riittänyt mark-

6

kinoita samalla tavalla kuin ennen vanhaan, kun kylien miehet saattoivat tulla matkojen päästä kirkolle *Ameriikan ihimettä kahtommaan*. Paikallislehti teki kyllä Hawkin esiintymisestä jutun, josta jäi sellainen vaikutelma, että niin toimittaja kuin estradimies itsekin olivat tietoisia touhun retroluonteesta, vaikka silloin ei vielä retrosta puhuttukaan.

Supisuomalainen Hawk oppi oman myyttinsä mukaan lavahypnoositaidot merentakaisten maiden mystisiltä suurmestareilta; palattuaan kotimaahan hän nousi täällä suureksi julkkikseksi. Jokin pistää miettimään, olikohan Hawkin menestyksen takana pikemminkin luonne ja myötäsyntyinen kyky manipuloida ihmisiä (myös Speden kaltaisia yhteistyökumppaneita) kuin mikään varsinainen oppimalla hankittu hypnoosiosaaminen. Showmiehenä ja viihdealan liikemiehenä hän ainakin tuntuu olleen pätevä ja osaava: *Kahdeksas veljes* -elokuvan pitkä ja yksityiskohtainen hypnoosijakso oli käytännössä yhtä suurta mainosta Hawkin esityksille, ja jos Spede maksoi siitä vielä jotain hypnoosimiehelle, raha taisi kulkea moraalisesti väärään suuntaan. Kehtaankin arvella Hawkin saaneen elokuvan jälkeisillä kiertueillaan yleisön joukosta nykäisemänsä vapaaehtoiset lumoihinsa ennen kaikkea siksi, että he olivat *Kahdeksannesta veljeksestä* oppineet, mitä hypnotisoija tekee ja miten hypnotisoituna kuuluu käyttäytyä.

Kahdeksas veljes liittyy rakkausaiheeltaan kuusi-seitsemänkymmenluvun vaihteen radikalismille irvailevaan *Jussi Pussiin*, jossa Spede itse ei esiinny, Loiri ja Simo Salminen sitäkin enemmän. Tässä elokuvassa Loiri esittää Jussi-nimistä opiskelijaa, jonka tärkein, Uuno Turhapuroon verrattava supervoima on hänen ilmiömäinen kykynsä kaataa naisia. Koska elokuva sijoittuu yliopistoympäristöön, Jussin kämppäkaveri Tane (Salminen) valmistelee väitöskirjaa – tietenkin seksuaalipsykologiasta, jolloin Jussin seksiseikkailut toimivat tutkimusaineistona. Jussia aikakauden radikaalit aatteet eivät kiinnosta muuten kuin yhtenä mahdollisuutena hankkia tyttöjä sänkyyn, mutta siitä huolimatta hän päätyy eduskuntavaaliehdokkaaksi – nuoret naiset osoittavatkin mieltään Jussin puolesta sellaisin kaksimielisin iskulausein kuin esimerkiksi *Asiat seisovat – Jussi panee ne paikoilleen*. Eduskuntaan Jussi ei sentään pääse, koska ei muista käydä uurnilla ja jää siksi yhden äänen päähän paikasta – tämäkin idea on suoraan aikakauden folkloresta (oliko se nyt Pentti Saarikoski, jonka kerrotaan krapuloissaan unohtaneen käydä äänestämässä itseään, niin että kansanedustajuus jäi haaveeksi?). Vaikka Jussilla onkin paljon tilapäisiä seksikumppaneita, hän piirittää – olemattomista opiskelijapojan rahoista maksamillaan valtavilla kukkalaitteilla – oikeaa ihastustaan Irmeliä (Leena Brusiin, hänkin Miss Suomi), jonka kanssa hän filmin onnelliseksi lopuksi astuu, ei avioon, vaan ajan hengen mukaisesti avoliittoon.

Jussi Pussi on Spede-komediaksi epätavallisen seksuaalinen – esimerkiksi Turhapuro-elokuvissa Uuno toki osoittaa kiinnostusta vieraisiin naikkosiin, mutta toisin kuin *Jussi Pussissa*, niissä ei edes viitata mihinkään yhdyntöihin. Omana aikanaan *Jussi Pussi* toki herätti paheksuntaa vallankin anti-intellektualismin vuoksi, koska se esitti tieteen poliittisesti manipuloituna pötynä: kun Tanen seksiväitöskirja lopulta pääsee tarkastettavaksi, sitä arvioimassa ovat nuoret opiskelijat, joista osa vasemmistolaisina kannattaa väitöskirjaa sen seksuaalista vapautumista edistävän sisällön vuoksi – vastakkaisen porukan puolestaan paheksuessa sitä, koska se kyseenalaistaa pyhän avioliiton ja perinteiset perhearvot. Myöhempinä vuosikymmeninä taas elokuva on saanut arvostusta nokkelana ja osuvan satiirisena ajankuvana; Speden tuotannosta oivaltavasti ja arvostaen kirjoittanut Veijo Hietala on nähnyt sen ennen muuta hyvin lajityypillisenä romanttisena komediana, hätähuutona aidon rakkauden puolesta keskeltä aikakauden poliittista ja seksuaalista rymyä ja ryskettä.

Jussi Pussin kanssa samassa yhteydessä pitää kai käsitellä *Pohjan tähteet*, Speden ensimmäinen värielokuva, jossa Loiri taaskin esittää pääosaa, nyt törppönä elokuvaohjaaja Petteri Pohjana, Speden vilahtaessa ruudulla vain toisinaan – hän on Petterin niskaan hengittävä tuottaja. Ohjaaja on ihastunut Arja Saijonmaan esittämään Merjuun, kaunottareen ja diivaan, ja oikeastaan mies tekee omaa elokuvan sisäistä elokuvaansa vain saadakseen Merjun iskettyä. Vastanäyttelijä on Ville-Veikko Salmisen esittämä Igor Lötjönen (!), joka ei voi sietää Merjua, mutta Pohja ei ainoastaan sössi koko elokuvaansa, vaan myös viettelysuunnitelmansa, sillä Merju ja Lötjönen päätyvät lemmenpariksi sitä mukaa kun viha muuttuukin rakkaudeksi, ohjaajaparka taas lehdellä soittelemaan.

Pohjan tähteissä on paljonkin hauskoja ideoita, mutta sen huumori on Spede-elokuvaksi häiritsevän mustaa ja katkeraa. Tästä vain yksi esimerkki on Simo Salmisen esittämä hirtehinen kappale *Alle lujaa,* joka kertoo "ystävästäni Taistosta", autohurjastelijasta: Salminen resitoi tätä protoräppiä samalla kun kuvapuolella vilistää kammottavan verisiä auto-onnettomuusnäkyjä. Mahdollisesti kyseessä oli parodia aikakauden liikennevalistuksesta, joka kyllä pystyi olemaan presiis yhtä yliampuvaa: lapsille suunnatuissa liikennelauluissakin hoilattiin siihen aikaan silmästä, jalasta ja pikkusormesta, jotka sinkoilevat irrallaan pitkin teitä ja tantereita ilkeän hurjastelijaäijän ohjastaman auton iskeytyessä leikkivään natiaiseen luita pirstovalla voimalla.

Myös Igorin, Petterin ja Merjun kolmiodraama tuntuu liian tosissaan eletyltä ollakseen oikeasti koominen, ja se saa pelottavia sävyjä kun Petteri huitaisee Igoria mustasukkaisuuksissaan teatteripuukolla, jota katsoja hetken luulee (ainakin elokuvan maailmassa) oikeaksi. Ylipäätään *Pohjan tähteiden* huumori liippaa liian läheltä traagista tosielämää: tiettävästi suuri osa elokuvassa esiintyvistä kommelluksista viittaa Speden työryhmälle tosielämässä sattuneisiin, ja juuri siksi ne eivät aina naurata kuten pitäisi. Mene tiedä, ehkä ne ovat filmin tekijöiden mielestä olleet hupaisan itseironisia sisäpiirikompia.

Jussi Pussi ja *Pohjan tähteet* havainnollistavat itse asiassa aika hyvin sitä, miten vaikeaa Speden Uuno Turhapuroa edeltävistä filmeistä on löytää "tyypillisyyttä" ja miten erilaisia ne kaikesta huolimatta ovat. "Tyypillinen" Spede-elokuva voisi olla sellainen välityö kuin *Leikkikalugangsteri*, jossa ei oikein ole muuta mieleenjäävää kuin mustavalkoelokuvan yhtäkkinen vaihtuminen värilliseksi – tämäkin olisi toki ollut kulttuurisenttarien mielestä hieno ja omalaatuinen kokeilu jonkun muun kuin Speden elokuvissa. Eräs aikalaiskriitikko kehtasi verrata mitätöntä *Leikkikalugangsteria* sen edeltäjään, *Näköradiomiehen ihmeellisiin siekailuihin*, joka itse asiassa on Speden elokuvien joukossa ehdottomasti paremmasta päästä.

SPEDESTÄ SÄÄTIÖÖN

Siekailujen alussa katsojille esittäytyy Suomen himojen (tulee sanasta "hima", ei "himo") tv-yhdistys, konservatiivinen painostusryhmä, joka mitä ilmeisimmin parodioi samanaikaista "Suomen Kotien radio- ja tv-liittoa". Jotta hima- ja perhearvot eivät joutuisi lapsipuolen rooliin televisiossa, yhdistys vaatii kansan syviä rivejä tarttumaan toimeen ohjelmiston tason nostamiseksi. Seuraavaksi meille esitelläänkin niiden edustaja nimeään myöten, Speden itsensä näyttelemä maalaispoika Mikko Syvärivi, joka hakeutuu Yleisradioon järjestäjäksi viihdetähden ura mielessään.

Spede nöyrtyy tässä elokuvassa altavastaajan rooliin: Simo Salminen esiintyy siinä Simo Salmisena, koomikkona, jolla on oma televisioshow, ja Simon tyttöystävä ja aisapari on itse Tamara Lund, roolinimeltään Ester Suo. Suurimman osan ajasta Mikko Syvärivi piehtaroi elokuva- ja kuuluisuusunelmissa, jotka häiritsevät hänen päivätyötään televisiostudion jokapaikanhöylänä. Onneksi hän saa kaverin Antti Vasasta (Vesa-Matti Loiri), entisestä tähtijuontajasta, joka on saanut arvonalennuksen rivitoimittajaksi erehdyttyään luulemaan työnhakuun televisioon tullutta Mikkoa haastateltavakseen, puoluesihteeriksi.

Kotopuoleen kirjoittamissaan kirjeissä Mikko valehtelee olevansa suurikin tähti, mutta hänen ainoaksi elokuvaroolikseen jää rivilegioonalainen *Rohkea roomalainen* -nimisessä antiikin aikaan sijoittuvassa historiaspektaakkelissa. Sitä nähdään ja kuullaan Mikon kotiväen televisiosta yhden repliikinpätkän verran – ei tarvitse olla kummoinenkaan näyttämötaiteen tuntija huomatakseen, että kyseessä on katkelma Shakespearen *Julius Caesar*ista, tarkemmin sanoen Marcus Antoniuksen hautajaispuheesta Caesarille. Mikko tietenkin iskee silmää kotijoukoille, kun kamera kiertää legioonalaisten kasvoja.

Kiusattuaan aikansa tyhjänpäiväisillä ideoillaan viihdetoimituksen (aikakauden kielellä "ajanvietetoimituksen") johtajaa, Aarre Elon esittämää Aarre Eloa, Mikko onnistuu lopulta nousemaan pinnalle koomikko Ovi-Mikkona, jonka bravuuri on oviin törmäileminen: milloin puolet ovesta avautuu hänestä poispäin ja toinen puoli häntä kohti kolkaten hänet, milloin oven takaa löytyy vain umpinainen tiiliseinä, johon hän ruhjoo itsensä. Ovi-Mikko tarvitsee kuitenkin uraansa vauhdittamaan kokonaisen taustajoukkueen: Antti Vasa esittelee koomikon näyttävästi kaatuen (tuohon aikaan Loiri tunnettiinkin "kaatuilijana"), kotikylän Helsinkiin saapunut pikkupohatta Päreistöniemi, jota esittää Leo Jokela, taas hoitelee spektaakkelin finanssi- ja manageripuolta. Menestys kuitenkin nousee Mikolle päähän, jolloin hän yrittää hoidella shownsa yksinään, antaen potkut tukiryhmälleen. Huonostihan siinä tietenkin käy, ja katajaan kapsahtaneelle sankarillemme ei jää muuta mahdollisuutta kuin aloittaa televisiouransa taas pohjalta järjestäjänä ja roudarina.

Veijo Hietalan näkemystä mukaillen Näköradiomiehen voisi nähdä myös tekijän äreänä mulkaisuna niin suuren yleisön kuin Spedeä alinomaa aliarvioineiden ja pilkkanaan pitäneiden elokuvakriitikoiden suuntaan. Koomikko Ovi-Mikon hauskuus perustuu yhden ja saman tempun ~ ovitempun ~ kierrättämiseen, ja yllättävyyttä siihen tulee vain siitä, että katsoja arvailee, millä tavalla ovi tällä kertaa nujertaa Mikko-paran. Kun Mikko yrittää tuoda komiikkaansa jotain uutta ~ siirtyä ikkunoihin ovien sijasta ~ yleisö, arvostelijat ja näyttävä tyttöystävä (Ester Suo, jonka Mikko Syvärivi on Simolta vienyt) hylkäävät hänet. Elokuva kertoo yhtä ja toista niistä paineista ja peloista, joiden alaisena valtavan tuottelias ja luova, mutta epäoikeudenmukaisesti väheksytty Spede joutui työskentelemään: kansa halusi häneltä yhtä ja samaa helppoihin kepposiin perustuvaa hauskutusta ja saattoi hylätä hänet koska tahansa, jos uudet "gägit" eivät odotetusti purreetkaan.

Näköradiomiehen ihmeelliset siekailut on myös auteurin kunnianosoitus omille yhteistyökumppaneilleen. Simo Salminen, jonka osana Speden tiimissä oli liiankin usein joutua komiikan kermakakutettavaksi, on tässä elokuvassa suuri tähti, jonka mahtavaa sisääntuloa Spede Mikko Syvärivin hahmossa seuraa kulisseista ihaillen ja hieman kadehtien. Ujon mutta julkisuustyrkyn nuoren miehen rooli luonnistuu Spedeltä oikein mainiosti, vaikka hän itse asiassa tuota elokuvaa tehdessään tärppi jo neljääkymmentä ja myös näytti siltä. Tämä nöyryys tekee Siekailuista Speden ehkä inhimillisimmän ja sympaattisimman elokuvan, ja se saa myös kysymään, eikö "Spede" käsitteenä lopultakin viittaa koko työryhmään, ei vain Pertti Pasaseen.

"Spedeä" voisikin olla hedelmällisempää tarkastella eräänlaisena viihteentekijöiden *bändinä* kuin Pertti Pasasena, vaikka hän "yhtyeen" keskushahmo olikin. Bändin kehityksen merkittävin murros oli Leo Jokelan asteittainen korvautuminen Vesa-Matti Loirilla – onkin kuvaavaa, että Jokelan viimeinen elokuva oli *Viuhah-hah-taja*, myös Speden viimeinen komedia ilman Uunoa (sen jälkeiset *Koeputkiaikuinen ja Simon enkelit* sekä *Tup akka lakko* hyödynsivät Uunoa sivuhahmona olematta varsinaisia Uuno-elokuvia). Jokela oli Speden alkuperäinen "luottokoomikko", kuten Jukka Virtanen häntä luonnehti. Miehet olivat aloittaneet yhteistyönsä jo Speden höyryradioaikoina: *Ruljanssiriihi*-hupailussa hän esitti rääväsuista, juoppoa ja tipuihin menevää papukaija G. Pula-ahoa, joka puhui aina stadilaiseen kovistyyliin ja jonka hyökkäävän asenteen edessä itse Spedekin joutui olemaan nöyrä ja anteeksipyytävä.

Ennen Turhapuron aikoja Spede teki kaksi lännenelokuvaa, ja kun kerran länkkäriaiheet olivat olleet hänen sydäntään lähellä jo aikaisemmin – televisiossa hänellä oli *Speden saluuna* -sketsisikermä – olisi luullut hänen lopulta uppoutuvan tähän aiheeseen kokonaisen sarjan verran. Ensimmäisessä ja paremmassa Spede-länkkärissä *Speedy Gonzales* – *noin 7 veljeksen poika* oli sekä kohtuullisen koossapysyvä juoni että sankari, jonka seikkailut selvästi kaipasivat jatko-osaa.

Speedy Gonzales lähtee tyypillisestä länkkäriasetelmasta: elokuvan nimihenkilö (Spede) saapuu "New Yorkin kylään" (!) etsimään veljensä Mooseksen murhaajat ja kostamaan näille. Lännen kliseet käydään läpi spedemäisesti parodioiden; matkan varrelta sankari nappaa kyytiinsä tytön, Ritan (Tarja Markus), joka käsittelee asetta kuin mies osallistuen esimerkiksi saluuna-ammuskeluun. Välttämättömän kaksintaistelun käyvät kaatoluokan pyssysankarit Hämeen Hitain (Simo Salminen) ja Maailman Hitain (Heikki Huopainen, teatterinäyttelijä ja tanssija, joka teki joitakin rooleja Speden elokuvissa) siitä, kumpi vetää kuudestilaukeavan... ei nopeammin, vaan hitaammin. Taistelutilanne rakentuu kaikkien taiteen sääntöjen mukaan, sillä Maailman Hitain menee rehvastelemaan Hämeen Hitaimmalle olevansa vielä hitaampi. Tällöin hämäläinen vastaa uhkaavasti: *"Haastatko sä riitaa vai?"* ja sävystä voi päätellä, ettei tästä ilman yhteenottoa selvitä. Maailman Hitain saa tietenkin tappavan luodin nahkaansa ja sanoo onnellisena viime sanoikseen: *"Mä voitin."*

Villin lännen tunnelmaa ylläpitävät loisteliaat ratsastuskohtaukset, ja lajityypin perinteisiin kuuluvat myös balladit ~ sellaisenkin saamme kuulla, nimittäin Speden itsensä aitoon länkkärityyliin esittämän laulun *Haaskalinnut saalistaa*. Kappale ei ole humoristinen, eikä se liity millään tavalla elokuvan juoneen ~ se kertoo oman legendansa seitsemästä palkkionmetsästäjästä, jotka kymmenen tuhannen dollarin palkkiota tavoitellen yrittävät saada vangikseen etsintäkuulutetun desperadon, mutta tuupertuvatkin sen sijaan mies mieheltä matkan varrelle, kunnes viimeinenkin on kohdannut sen, mikä ahnetta odottaa.

Henkilöhahmoista Juhani Kumpulaisen esittämä Hoss on haettu *Bonanza*sta, elokuvan tekoaikoihin suositusta klassisesta lännensarjasta, joka kertoi patriarkaalisen leski-isän (esittäjänään tieteisväen *Battlestar Galactica*n alkuperäisestä versiosta muistama Lorne Greene) ja hänen kolmen reippaan poikansa hallitsemasta jättiläismäisestä karjatilasta. Alkuperäinen Hoss (Dan Blocker) oli muhkeamittainen mutta lempeäluontoinen keskimmäinen poika, jota Kumpulainen jota kuinkin kyynisesti parodioi: hänen Hossinsa tulee näet hautausurakoitsija-kapakoitsijan (Olavi Ahonen, Speden luottonäyttelijöitä hänkin) ja hänen luotisateessakin tyynenä puusepäntöitään jatkavan arkuntekijänsä (Risto Palm) puheille tilaamaan "isoa tiikkistä arkkua", koska "isäukko kuoli lopultakin" ~ ja nyt pantaisiin isäukon perintö menemään railakkaiden miesten tyyliin. Sinänsä Hoss on vain tyypillinen esimerkki New Yorkin kylää asuttavista lurjuksista, jotka ovat šeriffiä (Leo Jokela) myöten toinen toistaan haljumpia rikollisia ja ~ kuten osoittautuu ~ yhtenä salaliittona vastuussa Mooses Gonzalesin murhasta.

Täytyyhän lännenelokuvassa toki olla myös meksikolainen latinohurmuri ~ Manolito, jota esittää näyttäviä hampaitaan väläyttelevä Esko Salminen. Kovin syvällistä roolia hän ei tee, lähinnä hän luottaa kiusoittelevaan tekoaksenttiin ja verbaaliseen sormenheristykseensä *"tsai jai jai jai, amiigoo"*. Manolitokin tietysti kuuluu rosvoliittoon ja osaa olla uhkaavakin sanomalla Ritalle, että *neidillä on kovin kauniit silmät ~ ikävää, jos niiden loiste sammuu.*

Vesa-Matti Loiria ei *Speedy*ssä näe ~ hän paranteli katkennutta jalkaansa, joten hänelle varattuun rooliin turhapuromaisen säälittävänä Clydenä päätyikin Pertti Melasniemi. Tämä antaa elokuvalle yllättävän vakavaa, epäspedemäistä sävyä. Clyde on aluksi kiltti nynny ja tohvelisankari, jonka sovinnollinen pankinjohtaja antaa leikkiä pankkirosvoa, mutta lopulta ryöstöstä tulee totta ja Clyde ampuu ystävänsä. Tämä muuttaa hänen luonteensa täysin toisenlaiseksi. Hänestä tulee psykopaattinen tappaja ja määrätietoisen julma mies, joka ottaa kaupungin roistot johtoonsa ~ itse asiassa vaikuttaa siltä kuin näyttelijätkin aivan aidosti pelkäisivät mister Hyde -muodonmuutoksen kokenutta Melasniemeä. Loiri ei olisi kyennyt pahimmillaankaan olemaan yhtä ahdistava, koska Spede-elokuvassa näytellessään hän olisi säilyttänyt tutut ja turvalliset veskuilumaneerinsa.

Elokuvalla on vauhdikas mutta onnellinen loppu. Speedy ja Rita kukistavat koko rosvoliiton revolveritaistelussa, jossa surmansa saa myös Leo Jokelan korruptoitunut lainvalvoja: sankari ampuu tappavan luodin hänen jo ennestään osuman saaneeseen šeriffintähteensä, jolloin kuuluvat itkuisella äänellä lausutut viimeiset sanat: *Helppohan se on...valmiiseen reikään.* Sen jälkeen osoittautuu, että Mooses onkin elossa, ja seuraa veljesten liikuttava jälleennäkeminen. ~ Myös loppuratkaisun osalta *Speedy Gonzales* toimii oikeana lännenelokuvana, ei vain parodiana tai farssina. Selvästi Spede tunsi lajityypin säännöt ja konventiot erinomaisesti ja olisi halutessaan osannut tehdä vakavankin westernin.

Lännenelokuvasarjalla Spede ei sitten meitä ilahduttanut: hänen jälkimmäinen pilalänkkärinsä *Hirttämättömät* jäi huomattavasti latteammaksi, eikä hän sen jälkeen yrittänyt enää panna paremmaksi. Se on yhden vitsin filmi siitä, kuinka Yksinäinen Ratsastaja (Loiri) ja tämän intiaanikumppani Tonto (Salminen) yrittävät kuljettaa Spede-Speedy Gonzalesta Njetponimajstad (!) -nimisestä villin lännen kaupungista naapurikylään, Kolmen Kolikon Kaupunkiin (!!), jossa veijarista on luvattu muhkea palkkio.

Itse asiassa Speedy on väärentänyt etsintäkuulutuksen saadakseen ilmaisen kyydin kestityksineen, mutta koska Ratsastaja ja Tonto ovat onnettoman surkeita suunnistajia, matka venyy loputtomiin, vaikka vastaantulija (näyttävä missikaunotar, ollaanhan Speden elokuvassa) antaa ymmärtää kaupunkien olevan jotakuinkin kävelymatkan päässä toisistaan. Huumori revitään lähinnä Ratsastajaa autiomaassa vaivaavasta janosta – siinä vaiheessa kun vesilähde lopulta löytyy, hän on jo niin tympääntynyt, että kieltäytyy juomasta tilkkaakaan – *mitäs sitä nyt hyvää janoa tärvelemään.*

Paljon muuta *Hirttämättömistä* ei sitten jaksa sanoakaan. Simo Salmisen huonoa suomea Tontona voi toki kehaista sikäli, että hän ei tyydy pelkkään kieliopiltaan vajaaseen molotukseen, vaan myös esimerkiksi painottaa sanoja väärältä tavulta. Lisäksi hänen tekointiaanikielellä latelemansa litania kuulostaa miltei uskottavasti rakennetulta – mahdollisesti hän opetteli ulkoa näytteen jotain oikeaa intiaanikieltä ja lausui sen sitten kirjoituksen mukaan.

Ehkä villin lännen elokuvasarja jäi tekemättä siksi, että Spede itsekin ymmärsi lajityypin rajoitukset. Länkkäri on genrenä niin lukkoonlyöty valmiine kliseineen, ettei siitä välttämättä ole kokonaisen parodiasarjan aiheeksi: vitsit olisivat alkaneet toistaa itseään jopa nopeammin kuin Turhapurossa. Lisäksi se perustuu aivan toisen maan ja maanosan historiasta haettuihin aiheisiin – sillä on rajansa, miten paljon tällaisesta materiaalista voi tuottaa viihdettä kotimaiselle yleisölle, vaikka lännen myytit toki ovat meillekin kuin omia.

Omassa historiassammehan on paljonkin sellaisia aiheita, joista yritteliäs rainamies tai -nainen saisi väännettyä spektaakkelin tai seitsemän aivan villin lännen elokuvien hengessä, mutta jotenkin ne hankkeet vain tuntuvat kuivuvan kasaan – Iisakin kirkon lailla rakennettu ja *Sagrada Família* -katedraaliakin pahemmin kesken jäänyt Mannerheim-leffa surullisen kuuluisana esimerkkinä: siihen ehdittiin jo ommella käsityönä hienot rooliasutkin, jotka sitten jäivät varastorakennukseen lahoamaan. Lännenelokuvien aidoimmat suomalaiset vastineet sijoittuisivat tietenkin omaan villiin länteemme eli puukkojunkkarien Pohjanmaalle; valitettavasti meillä ei ole länkkäriin verrattavaa häjyelokuvien perinnettä, eikä edes monta häjyleffaa ylipäätään. Paras on tietenkin *Härmästä poikia kymmenen*, jonka käsikirjoittajaksi saatiin maakunnan kirjallinen ja poliittinenkin suuruus, aivan ansaitsemattomasti yleisen tietoisuuden ulkopuolelle nyttemmin jäänyt Artturi Leinonen, ja jonka pääroolin Isoona-Anttina vetää roimana miehenä ja komeana poikana kukapa muukaan kuin Tauno Palo. Spede teki kyllä ainakin yhden häjyaiheisen sketsin ~ sen, jossa pohjalaiset puukkojunkkarit tulevat hämäläiseen taloon trossaamaan ja rikeeraamaan, kunnes talon asukkaat oman maakuntansa tyyliin hitaasti ja vaitonaisina heittävät heidät pellolle; mutta vaikka häjykliseet olisivat varmasti olleet ainakin yhden irvimiselokuvan väärtejä (ja niitä hyödynnetäänkin *Pähkähullun Suomen* Pohjanmaa-kohtauksessa), kokoillan pituuteen miehemme ei niitä lopultakaan vaivautunut venyttämään.

Sitä vastoin Robin Hoodin tematiikasta Spede innostui siinä määrin, että kehitti aiheesta oman pilaversionsa, *Noin 7 veljestä*. Tämä elokuva on jo aika lähellä sitä mielikuvaa, joka morkkaajilla on "tyypillisestä" Spede-leffasta ~ hyväntahtoisinkin arvioija joutuu myöntämään, että siinä juoni jää pahasti irtovitsien alle. Toisaalta se on yksi Pasasen vauhdikkaimpia elokuvia, jonka ääressä vain pahimmat tosikot voivat ikävystyä. Saatan toki olla puolueellinen, sillä tämä on yksi ensimmäisistä koskaan näkemistäni Spede-leffoista ja saa siksi pikkupoika-aikojen nostalgiapisteitä.

Elokuvassa on höystetty Robin Hood -myyttiä monilta tahoilta haetuilla lisämausteilla: Pasasen esittämällä Robinilla on kaksoisolento nimeltä Sir Wilhelm ~ ilmeinen viittaus toiseen tarunomaiseen mestarijousimieheen, Wilhelm Telliin ~ eikä koko elokuvassa tule lopultakaan aivan selväksi, ovatko Sir Wilhelm ja Robin Hood sama henkilö vai eivät, tai ovatko he sama henkilö kaiken aikaa. Robinin ja Wilhelmin arkkivihollinen on linnanherra (Juhani Kumpulainen), jonka nimeksi on keksitty runsasvyötäröiselle ja makkarasta nauttivalle miehelle sopiva *Wurstburg*, mutta tämä on oikeastaan elokuvan omassakin maailmassa hienoinen munaus. Wurstburgin pröystäilevässä vaakunassa lukee nimittäin mahtavin kirjaimin LH, joten sopisi paljon paremmin, että hän olisi nimeltäänkin vain geneerisesti Linnanherra ja syntyjään von und zu Linnanherrojen ikiaikaista aatelissukua.

Kun kerran Robin Hoodin aikakautta ollaan elävinään, täytyy tietysti tapahtumia selostamaan järjestää kansanlaulaja ~ täällä Suomessa tunnetuin kaunokirjallinen versio Robinin seikkailuista oli vielä minun lapsuudessani, ja mitä luultavimmin myös Speden lapsuusvuosina, John Finnemoren *Robin Hood ja hänen iloiset toverinsa*, joka nimenomaisesti korostaa Robinin luonnetta kansanballadien sankarina siteeraamalla joka luvun alussa hänen seikkailuistaan laulettuja värssyjä. Finnemoren teosta lukeva pikkupoikakin huomaa, että tarinat toistavat itseään ja valmiita kaavoja sillä tavalla kuin kansanrunoudessa on tapana ~ kaunokirjallisuudeksi ja proosaksi työstäminen tuntuu jääneen puolitiehen. Teoksen laatija on vaipunut historian hämäriin: Finnemore on Suomessa huomattavasti tunnetumpi kuin anglosaksisessa maailmassa, eikä nettikään auta selvittämään tämän kirjailijan taustaa; myöskään riikinruotsalainen historioitsija Dick Harrison ei ole erinomaisessa Robin Hood -myyttiä ruotivassa teoksessaan *Mannen från Barnsdale* vaivautunut mainitsemaan Finnemorea muualla kuin lähdeluettelossa.

Noin 7 veljeksen kansanlaulaja on Danny, joka muuten pääsee myös *Näköradiomiehen ihmeellisissä siekailuissa* luikauttamaan rallin tai pari. *Noin 7 veljeksessä* taas hän laulaa yhä uusia säkeistöjä kappaleeseen *Seitsemän kertaa seitsemän*, joka säestää hyvinkin luontevasti elokuvan tarinaa. Sanoituksessa oli aimo annos sellaista 70-luvun veropopulismia, josta Irwin Goodman sittemmin tuli kuuluisaksi: *verorasitus on progressiivinen,* kun julmasti alustalaisiaan nälistävän ja kiristävän linnanherran jyvittämä *äyri nousee yli äyräiden.* Elokuvan loppuratkaisussa tietysti kaikki saavat toisensa ja linnanherran valta kukistuu, kuinkas muutenkaan.

Vesku Loiri esiintyy tässä ensimmäisessä Spede-filmissään vain pienessä sivuroolissa, mutta Leo Jokela on sitäkin keskeisemmällä paikalla keksijä Leonardona (!), joka ensin ammutaan ilmapalloineen alas, mutta jonka renessanssihenkisiä neronleimauksia Robin Hood sittemmin hyödyntää taistelussa linnanherraa vastaan; suurimman osan luppoajastaan Leonardo käyttää kuvankauniin vaimonsa haukkumiseen rumaksi nalkuttajaksi. Leonardon ilmapallotemput järjesti alan huippumies Veikko Kaseva, jonka nimi tarkoitti suomalaisille lapsuudessani samaa kuin Montgolfier'n veljekset ranskalaisille; kukaan ei oikeastaan ollut yllättynyt, kun miesparka sittemmin menehtyi tapaturmassa lentoharrastuksensa parissa.

Keksijän vaimon roolin esittää taas yksi aikakauden mallikaunottarista, Krista Sihvo, jonka kahdesta elokuvaosasta tämä oli menestyksellisempi ~ muutamaa vuotta myöhemmin, jo 1970-luvun puolella, hän vilahti myös epämääräisessä seksijännärikomediavirityksessä nimeltä *Karvat*, jonka lehdistö haukkui vielä pahemmin pystyyn kuin Spede-elokuvat konsanaan ja joka tuntuu sittemmin painuneen täysin unholaan. *Karvojen* ohjaaja Seppo Huunoselta olisi voinut odottaa parempaa: aiemmin hän oli menestynyt tuomalla valkokankaalle Veikko Huovisen *Lampaansyöjät*, eikä hänen myöhempi huumorileffansa, lampaansyöjämäistä aihetta käsitellyt *Piilopirtti,* ollut aivan huono sekään, olkoonkin että sen menestys ehkä perustui komediallisia ansioita enemmän kesä-Suomen kauniisiin maisemiin ja nuoren Anu Panulan viuhauttamiin alastomiin suloihin.

Noin 7 veljeksessä kuullaan myös Kai Gahnströmin jylhää ääntä huoltoasemamainoksia parodioivassa jaksossa, jossa markkinoidaan hevosenhoito- ja ruokinta-asemaa linnanherran sotilaille. Gahnström oli lapsuuteni geneerinen selostaja, jota kuultiin ennen muuta Shellin mainoksissa, joten tämä rooli sopi hänelle kuin nakutettu. *Shellistä!* -iskusanansa sijasta hän lupasi tosin tällä kertaa palvelua ja huoltoa saatavan *pellistä.*

Spedellä oli oikeastaan aikomuksena rakentaa *Noin 7 veljeksen* varaan kokonainen hupisarja Robin Hood -aiheesta. Pilottijakson hän siihen pyöräyttikin, mutta suunnitelmat eivät toteutuneet sen pitemmälle. Televisioon pilotti kuitenkin pääsi, ja minäkin näin sen pikkupoikana. Muistan siitä vain, että juoni oli jokseenkin yhtä kaoottinen kuin elokuvassakin ja että siihen oli lisäanakronismiksi sijoitettu kersantti Antero Rokka, joka nimensä mukaisesti ahmi rokkaa pakistaan; kun hän esittäytyi Rautahanskalle (alkuperäisessä elokuvassa linnanherran joukkojen yliupseeri, roolissa Helge Herala), kuultiin seuraava lakoninen sananvaihto: ~ *Rokka.* ~ *Rauta.*

Tämä ohjelma, *Robin Hood ja hänen iloiset vekkulinsa Sherwoodin pusikoissa*, on kadonnutta televisiohistoriaa, sillä siitä ei tiettävästi ole olemassa minkäänlaista arkistotallennetta. Se esitettiin vuonna 1974, kuusi vuotta elokuvan jälkeen, joten kotivideonauhurien aikakausi ei ollut vielä alkanut ~ niinpä sitä tuskin on olemassa edes yksityiskokoelmissa. Toivottavasti edes käsikirjoitus löytyy jostain ~ sitä voisi hyödyntää vaikka *Noin 7 veljeksen* kesäteatterisovituksissa lisämateriaalina.

Ennen *Noin 7 veljestä* Spede oli tehnyt kolme elokuvaa: *Pähkähullun Suomen*, *Millipillerin* ja debyyttinsä *X-paronin*. Minun täytyy valittaen myöntää, etten ole koskaan nähnyt *Millipilleriä*, joten joudun keskittymään noihin kahteen muuhun; *Millipillerin* aikalaisarvostelut olivat pitkälti myönteisiä, vaikka panivatkin merkille Speden työlle sittemmin leimallisiksi jääneet maneerit ja puutteellisuudet. Ilmeisesti elokuva kuitenkin oli heikompi kuin heidän kiitoksistaan voisi päätellä, koska se ei tunnu jälkeen päin nousseen esimerkiksi *X-paronin* nauttimaan maineeseen.

Pähkähullu Suomi on omia suosikkejani Speden varhaisista elokuvista: se on kokoelma tuttuja suomalaisuuskliseitä, joita pannaan yhä tänäänkin toimivalla tavalla alta lipan. Kuten Veijo Hietala ja lähinnä Uuno Turhapuro -elokuvista kirjoittanut Otto Suuronen ovat korostaneet, Speden elokuville ylipäätään on ominaista sekä itsereflektiivisyys että neljännen seinän rikkominen ~ elokuva kommentoi itseään ja puhuu suoraan katsojalle ~ ja tämä on erityisen näkyvää *Pähkähullussa Suomessa*.

Filmin perusideana on parodioida Suomi-kuvan luomiseksi ja ylläpitämiseksi tehtailtuja, ulkomaisia katsojia varten tuotettuja propagandarainoja. Alussa Suomeen saapuu Speden itsensä esittämä hiusöljyllä rikastunut amerikansuomalainen megapohatta William Njurmi (!), jonka on tarkoitus tutustua esi-isiensä maahan ja samalla mahdollisesti tehdä miljardisopimus Suomen valtion kanssa; ja elokuvan on tarkoitus esitellä Suomea seuraamalla hiusöljyšeikin matkaa vanhassa maassa. Aivan selvää ei ole, millaisista kaupoista on kyse, mutta ainakin on ilmeistä, että valtiovarainministeriö toivoo pelastavansa Suomen talouden (joka tietysti on taas kerran romahtamaisillaan ~ on maamme köyhä, siksi jää ja lumi ja varmaan myös loska) ruinaamalla riihikuivaa rapakontakaiselta ystävältä, joka on uskaltautunut matkalle esi-isiensä "karuun, mutta köyhään maahan".

Miljonääri Njurmelle näytetään Suomen nähtävyyksiä, kuten Lastenlinnaa, "aikuisten linnaa" (vankilaa) ja Väinö Linnaa; elokuvan tekoaikaan Tapiola oli suomalaisen kaupunkisuunnittelun lippulaiva, joten myös sitä pitää laveasti ylistää vieraalle. Koko ajan Njurmi-parkaa viedään saunasta toiseen hikoilemaan ja vastoilla piiskattavaksi, ja lopulta hän ei kestä enää, vaan lähtee karkuun kestitsijöitään.

Njurmen pakoretki halki pähkähullun kesä-Suomen on kuitenkin vain yksi elokuvan taso – sekä elokuvan tekijät että heidän keskivertosuomalaista näkökulmaa edustamaan värväämänsä Leo Jokela nimittäin puuttuvat omista olympolaisista korkeuksistaan tapahtumien kulkuun ja kommentoivat sitä. Erityisen mieleenpainuva esimerkki tästä on, että tanssilavakohtauksessa kadunmies Jokela, "virallista" kulttuurinäkemystä edustava jäykkäkauluksinen herra ja nykyaikaisuuteen pyrkivä elokuvaohjaaja riitelevät siitä, pitäisikö lavalla tanssia tangoa, kansantanhuja vai "go-go'ta" (käytännössä diskotanssia), ja aina kun yksi heistä sanoo mielipiteensä, tanssityyli vaihtuu lavalla – yhä nopeampaan tahtiin. Selväksi tulee ainakin, että kulttuuri on lakkaamattomassa murroksessa ja että "suomalaisuuden" sisällöstä väännetään jatkuvasti kättä.

Njurmen ei toki tarvitse yksinään haahuilla pähkähullun maan raitteja pitkin, kumppanikseen hän löytää metsästä tietenkin kulkurihahmon omaksuneen Simo Salmisen, jonka kanssa tulevat tutuiksi niin Puijon tornissa pyörivä ravintola kuin häjyjen lakeudet. Pohjanmaalla Njurmi menee Marita Nordbergin esittämän pulskean talontyttären kanssa heinälatoon, ja kohta perheen miesväki uhkaakin häntä haulikolla ja pakkonainnilla, mutta silloin Simo tulee apuun karauttaen kieseillä paikalle kuin Isoo-Antti ja Rannanjärvi konsanaan häätaloon ja tempaisten Njurmen viime hetkellä kyytiinsä. Tämä on vain yksi esimerkki elokuvan hulppeasta tavasta käyttää, kierrättää ja uudelleenmääritellä suomalaisuuden ikikliseitä.

Kun Njurmen ja Simon pitää tienata lisää matkarahaa, Simo ryhtyy muka ranskalaiseksi chansonlaulajaksi. Hänen shownsa koostuu muutamasta vahvalla tunteella lausutusta ranskankielisestä fraasista ja yksittäisistä kitaran rämpäytyksistä, mutta yleisöönhän tämä menee täydestä kuin väärä raha ainakin ~ naiskatsojia pyörtyy joka kerta kun välimerellistä karismaa ja seksiä hohkaava trubaduurimme tempaisee akordin soittimestaan. Suomihan on tunnetusti kaukana maailmankulttuurin keskipisteestä ja suomalaiset janoavat eksotiikkakokemuksia sillä tavalla, että vähän rupisemmallakin kulttuurikusetuksella voi sekä tyhjentää jasson että saada prinsessan sänkyynsä.

Loppupuolella elokuvan juonirakenne nyrjähtää täydellisesti sijoiltaan, aikajana ja logiikka samoin: Simo ja Njurmi joutuvat taistelemaan hiusöljyn salaista kaavaa tavoittelevien, kekkosmaisen kaljupäisten agenttien kanssa ja Njurmen henkivartija, mitä ilmeisin mafiamies Luigi Cravatto (tässäkin elokuvassa näyttävähampaisen Esko Salmisen esittämä latinokliseehahmo) ryhtyy itse esiintymään Njurmena ja passauttamaan itseään Suomen valtion laskuun. Elokuvan tekijät, jotka kaiken johdonmukaisuuden vastaisesti seisovat eräässä kohtauksessa kadulla seuraamassa aiheuttamaansa kaaosta, toteavat itsekin pudonneensa tapahtumien kärryiltä, mutta kadunmies-Jokela toteaa vain railakkaasti, että juuri tällaisista elokuvista hän (kansa) pitää, ja liittyy hilpeänä sekasorron jatkoksi.

Pähkähullu Suomi sai aikalaiskriitikoilta melkoisesti kehuja, sillä sen satiirin myönnettiin osuvan hyvin maaliinsa. Kielteisemmätkään arvostelijat eivät malttaneet olla kehaisematta Leo Jokelan näyttelijänlahjoja, ja syystäkin: Jokela oli koomikkona ja näyttelijänä Spedestä riippumaton ja hänen kanssaan tasavertainen osaaja siinä missä Vesku oli pitkälti Speden luomus, Speden muassaan maineeseen hilaama.

Pähkähullun Suomen pähkähullu maailma ei ole sattumanvaraisesti kokoon kyhätty vitsikkäiden ideoiden kokoelma, vaan ~ kuten leikkaaja Juho Gartz ja ohjaaja Jukka Virtanen ovat myöhemmissä muisteluksissaan korostaneet ~ taustalla oli hyvin tiukka käsikirjoitustyö. Koko Speden tuotantoa arvioitaessa tärkeä kysymys on, missä määrin sitä juonettomuudesta ja käsikirjoittamattomuudesta moittineet arvostelijat (katsojista puhumattakaan) ovat menneet tekijän ansaan ja luulleet näkevänsä spontaania kohellusta siellä, missä sekoilut on todellisuudessa tarkkaan suunniteltu.

Maailmankaikkeuden ensimmäinen Spede-elokuva oli *X-paroni*.

Minun lapsuudessani Speden filmejä kuului jo väheksyä, mutta samalla oli yleisesti hyväksyttyä ajatella, että ennen kaupallistumistaan ja pilalle menemistään Spede oli tehnyt myös hyviä leffoja, ja sellaisista nostettiin aina esimerkiksi tämä hänen esikoisensa. Me pikkupojat toki rakastimme myös *Spede-Showta*, hänen televisiosketsisikermiään, joista jäi erityisen hyvin mieleen viiden minuutin kauhutarina *Kammottava röyhtäisijä* ~ juuri siksi, että se on hauskuutensa ohella aidosti pelottava.

Veijo Hietala pitää *X-paronia* ainoana Speden elokuvana, joka olisi saanut kriitikoilta edes varovaista tunnustusta. Tämä on liioittelua, sillä kyllä sekä *Pähkähullua Suomea* että *Millipilleriä* kiittivät sellaisetkin arvostelijat, jotka myöhempinä vuosina kehittivät Speden pilkkana pitämisen taiteeksi. Hän on kuitenkin oikeassa siinä, että tämä esikoinen on pahimman Spede-vastaisuudenkin aikana saanut olla rauhassa kriitikoiden sakinhivutukselta, koska sitä tekemässä oli myös Risto Jarva, sittemmin arvostettu vakavien taide-elokuvien tekijä. Jarvan kestävimmät, pidetyimmät ja tunnetuimmat ohjaukset taitavat olla komedioita nekin (tarkoitan *Lomaa* ja *Miestä, joka ei osannut sanoa ei* ~ en usko, että kovin monet ovat yhtä innostuneita *Ruusujen ajasta* kuin minä), ja voisi olla hedelmällistä pohtia niiden yhtymäkohtia Speden tuotantoon tai Jarvan ja Speden komediantekijöinä toisiltaan oppimia asioita.

Itse asiassa *X-paroni* on sekä hyvin perinteinen että hyvin spedemäinen komedia. Perusidea, kahden samannäköisen henkilön vaihtuminen ja päätyminen toistensa rooleihin, on tuttu sananmukaisesti muinaisten roomalaisten ajoista: latinankielisen näytelmäkirjallisuuden isä Plautus käytti sitä komediassaan *Menaechmi*, johon hän varmaankin tapansa mukaan nyysi idean ja puolet sisällöstä joltain kreikkalaiselta esikuvalta. Tällä kertaa vaihtuvat laiska ja omalaatuinen maalaispoika Kalle ja aatelinen perijäpohatta Wilhelm von Tandem, joita molempia tietysti esittää Spede itse.

Kalle on eräänlainen proto-Turhapuro, joka on valmis näkemään käsittämättömän paljon vaivaa säästyäkseen vaivannäöltä: hän on esimerkiksi rakentanut mutkikkaan laitteiston, joka kaataa aamuryypyn suoraan hänen suuhunsa. Tässä on jo havaittavissa Speden monissa myöhemmissä elokuvissa näkynyt mieltymys hassuihin masiinoihin: samantyyppisellä ruokkimiskoneistolla kestitsee itseään myös Simo Salmisen kulkurihahmo *Pähkähullussa Suomessa* ennen ryhtymistään William Njurmen matkakumppaniksi; *Leikkikalugangsterin* alkukohtauksessa Spede taas esittelee autogiroa, helikopterin esiastetta, jollaisia ilmailevat insinöörit vieläkin tapaavat askarrella.

Sekä Kalle että paroni von Tandem ovat elokuvan alussa väärässä roolissa: paroni ei ole kiinnostunut liikeasioista pätkääkään ja allekirjoittaa huijarien mieliksi kaikki asiakirjat, joita hänen nokkansa alle tungetaan, Kallea taas toukotyöt eivät voisi vähempää kiinnostaa. Kun herrat päätyvät toistensa paikalle, he pärjäävät huomattavasti paremmin: Kalle on nimittäin talousasioissa tervejärkinen ja teräväpäinen kaveri, joka pitää paronin perinnöstä tiukasti huolen eikä anna penniäkään petkuttajille, von Tandem taas intohimoinen intiaanikulttuurien tutkija, jonka sadetanssi toimii ja pelastaa Kallen naapurien sadon kuivuudelta.

Paronin omaisuutta tavoittelevia konnia vastaan käydään lopulta suoranaiseksi sodaksi ja kranaattitulitukseksi kärjistyvä yhteenotto, joka kuitenkin päättyy onnellisesti. Kaksoisolennot voivat nyt tutustua toisiinsa ja tulevat niin mainiosti toimeen, että paroni suostuu panemaan perintönsä puoliksi Kallen kanssa – mikä kyllä on vähän yliampuvaa, sillä eiköhän olisi riittänyt, että paroni olisi palkannut Kallen kaltaisen liiketalouden luonnonlahjakkuuden yhtiöidensä toimitusjohtajaksi? Kumpikin herroista on tietenkin tapahtumien tiimellyksessä löytänyt itselleen viehättävän rakastetun, ja nyt he alkavat elää rauhallista elämää omien kiinnostustensa ja taipumustensa mukaan.

X-paroni on mukiinmenevä Spede-komedia, mutta sen aikalaisvastaanotto saa kyllä silmät pyöristymään. Verrattuna siihen lokaan, mitä Spede sai osakseen myöhempinä vuosina, tämän elokuvan arvostelut olivat silmäänpistävän innostuneita ja myönteisiä, olkoonkin että niihin sisältyi myös varauksia ja moitteita.

Ruotsinkielisen *Nya Pressen*in kriitikko uskaltautui jopa luonnehtimaan Speden huumoria älylliseksi; toiset arvostelijat taas ylistivät elokuvan suomalaisuutta sekä vanhan ja maailmalla loppuun kalutun sekaannuskomedia-aiheen kotikutoisuudessaan elävää sovitusta.

Paljon parjattu "vanha suomalainen elokuva" oli yhä tuoreessa muistissa – Spedekin oli ansainnut ensimmäiset kannuksensa näyttelemällä Armand Lohikosken ja Aarno Tarkaksen kaltaisten veteraanien elokuvissa – ja Spedestä ilmeisesti toivottiin jo väljähtyneen suomalaisen farssiperinteen uudistajaa.

Usein kuulee väitettävän, että Spede olisi varhaisten arvostelumenestystensä jälkeen joutunut tulilinjalle arvostelijoiden vasemmistolaistumisen takia, kun suomalaiselta elokuvalta alettiin vaatia vakavuutta ja yhteiskunnallista ohjelmallisuutta. Pikemminkin kyse on siitä, että vasemmistointellektuellius oli vain uusi nimi, tai uusi tekosyy, sille samalle helpolle elitismille, jonka edustajat olivat aiemmin paheksuneet populaaria viihde-elokuvaa toisista – jopa täysin vasemmistolaisuudelle vastakkaisista – ideologisista vaikuttimista (annan tässä vain hakusanan "rillumarei"). Toivoa sopii, että tulevat polvet osaavat arvioida – ja arvostaa – Spedeä eritellymmin ja populaarikulttuurin omalla arvoasteikolla; ainakin soisi yleisesti myönnettävän, että Spedeä on rankasti ja epäoikeudenmukaisesti ylenkatsottu.

Barsoomin tanssi

Edgar Rice Burroughsin tuotanto on jo isovanhempiemme lapsuudesta saakka – aivan kirjaimellisesti – ollut osa suomalaista mielenmaisemaa ja kulttuuria. Suuri elokuvamiehemme Aarne Tarkas (alkujaan Saastamoinen) lainasi sukunimensä Burroughsin Mars-seikkailujen vihreältä soturilta, Tars Tarkasilta. Veikko Huovisen essee *Tarzan ja Suomi* kuului lapsuuteni koulun lukukirjaan; sotien ja suojeluskuntalaisuuden aikakaudella muuan Lahja Valakivi taas sovitti apinamiehen seikkailut Suomen luonto-oloihin ja suomalaisen isänmaallisuuden tarpeisiin tarinoilla Tarsa-karhumiehestä. Näin hän antoi etukäteen vastauksen Huovista perusteellisesti askarruttaneeseen kysymykseen, mikä mahtaisi olla se suomalainen otus, joka orvon pikkupojan ottaisi huoltaakseen, kun meillä ei oikein ole kotoperäistä apinakantaakaan (edes savolaisia ei sellaiseksi lasketa).

Tarzan tuli minun sukupolvelleni tutuksi ensin sarjakuvista, joita huolestuneiden tätien kaiken kivan kieltämisyhdistykset siihen aikaan tietenkin yhteen ääneen paheksuivat ylikansallisena hapatuksena ja raakamaisena väkivaltaviihteenä. Toki luin sitten myös Burroughsin alkuperäiset kirjatkin. Tädit eivät ilmeisesti olleet perehtyneet niihin, koskapa eivät vaivautuneet moittimaan niitä, vaikka ne olivat havainnollisen kielenkäyttönsä vuoksi huomattavasti pelottavampia kuin sarjakuvat konsanaan – eräänkin konnan pää roikkui *muutaman lihaskuidun varassa* pahan saatua palkkansa apinamiehen kovista kourista. Mutta minun lapsuudessanihan kirjojen lukeminen oli tätiyhteisön mielestä aina määritelmällisesti parempi harrastus kuin sarjakuvien, riippumatta siitä mitä luettiin.

Mytologia- ja kansanperinnetutkimus ei ole alaani, mutta iirinkielisiä myyttikertomuksia vuosikausia tavailtuani en enää kykene ottamaan tuota täteilyä vakavasti. Jo muinaiset metsästäjä-keräilijät ovat kertoneet leiritulillaan sankaritarinoita, jotka eivät ole erottuneet mitenkään edukseen populaari- ja massakulttuurissa vatvotuista: kivikauden mies luultavasti osaisi arvostaa Tarzanin seikkailuja paljonkin. Se, onko sankaritarina hyvä vai huono, kuuluu lajityypin puitteissa arvioitavaksi. Moralisoivan kauhistelun sellaisten tarinoiden väkivaltaisuudesta näkisin lähinnä kategoriavirheen luonteisena: ei sankarimyytille tule asettaa samoja laatukriteereitä kuin esimerkiksi korkeakirjalliselle tunnustusromaanille. Se, että yhteiskuntamme tuottaa harmillisen paljon häiriköivää hylkiömiesainesta, jonka moraali, maailmankuva ja taiteellinen näkemys jää tusinaviihteen sankaritarinoiden tasolle, on kokonaan toinen ongelma.

Oma lukunsa olivat sitten Tarzan-elokuvat. Niissä apinamies oli tosiaan apinamainen, eikä hänellä ollut senkään vertaa sivistyksen pintasilausta kuin kirjojen urholla. Itse asiassa tuntuu siltä kuin monien hyvin kielteiset mielipiteet tästä sankarista perustuisivat juuri elokuvien Tarzan-hahmoon, joka on selvästi kirjoissa kuvattua hölmömpi ja rasistisempikin. Kirjojen Tarzan näkee kovasti vaivaa sivistyäkseen, mutta juuri siksi, että hän tuntee sivistyksen, hän voi vapaaehtoisesti valita elämän ilman sitä. Elokuvien Tarzan, tunnetuimpana esittäjänään syntyjään transsilvaniansaksalainen olympiauimari Johnny Weissmüller, on sitä vastoin pelkkä mölisevä juntti, jonka roolisuoritukseen itse kirjailija Burroughs ei ollut ollenkaan tyytyväinen.

Sarjakuvalehtien Tarzan oli saanut vaikutteita sekä elokuvista että kirjoista. Kuten massatuotetuissa sarjakuvissa yleensä, päähenkilön kasvu ja kehitys oli jäädytetty tiettyyn muuttumattomuuden vaiheeseen, samalla tavalla kuin vaikkapa Masi on palvellut samassa tukikohdassa saman kersantti Ärjylän alaisena jo ennen minun syntymääni. Kirjoissa sitä vastoin sekä Tarzan itse että hänen seikkailujensa miljöö muuttuvat merkittävästi sarjan edetessä alkuvaiheistaan kultakauteensa ja loppupuolen väsyneisiin kertausharjoituksiin.

Alkupuolella seikkailuja Tarzan on henkilö, jolla on syntymäaikansa ja syntymäpaikkansa. Hänen vanhempansa haaksirikkoutuvat ja menehtyvät Afrikan rannikolle, mutta Tarzan-vauvan adoptoi apinanaaras, joka on menettänyt oman poikasensa – ei simpanssi eikä gorilla, vaan *mangani*, kuten näiden apinoiden omalla kielellä sanotaan: lähes inhimillinen, puhekykyinenkin apina. Tarzan on syntyjään englantilainen aatelismies John Clayton, Greystoken lordi, mutta apinat antavat hänelle pilkkanimen Valkonahka, heidän kielellään Tarzan. Tarzan omaksuu sekä manganiapinoiden että valkoisten miesten kielen ja kulttuurin ja rauhoittuu Janensa aviomieheksi, mutta veri vetää yhä seikkailemaan. Vähitellen perhe ja koti haihtuvat ja hapertuvat pois näkyvistä samalla kun viidakkoseikkailuista siirrytään yhä enemmän kadonneisiin maailmoihin Tarzanin itsensä muuttuessa ihmisestä myyttiseksi metsänhaltijaksi.

Kadonnut maailma kirjallisena genrenä tarkoittaa tarinoita, joissa löydetään länsimaiselle sivistykselle aiemmin tuntemattomia tai vain hämärästi tuttuja sivilisaatioita. Tämän löytöretkistä ja siirtomaiden valloituksesta innoituksensa saaneen lajityypin perustajana pidetään Henry Rider Haggardia – viktoriaanisen ajan viihdekirjailijaa, jonka teoksista on suomennettu ainakin *Kuningas Salomon kaivokset* ja *Kuolematon kuningatar* (englanniksi *She*). Rider Haggardin sankari on Allan Quatermain, joka on paljon selvemmin britti-imperialismin asialla kuin valkoihoisten kulttuuriin kriittisesti ja epäillen suhtautuva Tarzan. Toki Quatermainkin esitetään oikeudenmukaisena ja alkuasukkaille myötämielisenä siirtomaaherrana, jolle brittiläisen kotimaan arkielämä ei sovi ja jonka sydän on viime kädessä Afrikassa.

Quatermain löytää Afrikasta unohdettujen kulttuurien jäänteitä ja kulta-aarteita, mutta rikkaudet eivät tyydytä hänen levotonta sieluaan, ja hänen suhteensa imperialismiinkin pysyy sen verran jännitteisenä ja kyseenalaistavana, että voi olettaa hänen hahmonsa jossain määrin vaikuttaneen Tarzanin asennemaailmaan. Molemmat sankarit ovat kahden maailman välissä – valkoisten sivistyksen ja Afrikan alkuvoiman.

Kadonneiden sivilisaatioiden sirpaleet nousevat niin musertavaan valta-asemaan Tarzan-sarjan loppupuolella, että nuori ja naiivikin lukija huomaa kirjailijan kiertävän väsyneenä kehää. Sarjan ensimmäisissäkin kirjoissa tämä aihe kyllä esiintyy, ja siellä Burroughs soveltaa sitä kiintoisan omintakeisesti. Tarzan löytää kartoittamattomasta Afrikasta Oparin kaupungin, joka on myyttisen Atlantiksen viimeinen siirtokunta. Kaupungin nimi muistuttaa Vanhan testamentin Oofiria: se oli satamakaupunki, mahdollisesti Etelä-Arabiassa sijaitseva, josta Tyyron kuningas Hiiramin miehet Ensimmäisen Kuningasten kirjan mukaan hakivat "neljäsataa kaksikymmentä talenttia" kultaa Salomolle. On siis lupa uumoilla, että Burroughs tarkoitti Oparin nimen väärän koivun takaa kiertäväksi viittaukseksi suuren edeltäjänsä Rider Haggardin menestysteokseen.

Oparia asuttavat kauniit, surumieliset naiset, jotka ovat pakkonaimisissa apinamaisten hirviömiesten kanssa, ja myös kaupungin kieli on nykyisin Tarzanin apinakieltä, tai sen johdannainen. Kaupungin väestö on syntynyt Atlantiksen (!) ihmisten sekoittuessa manganiapinoihin (!!) ja sukupuolieron selittää se, että oparilaiset ovat perinteisesti surmanneet apinamaiset tyttövauvat ja ihmismäiset poikalapset (!!!). Oparin naisten sydämessä tai sukuelimissä on kuitenkin säilynyt halu ihmismäiseen mieheen, joten kaupungin ylimmäinen uhraajapapitar La rakastuu onnettomasti Tarzaniin heti kun tämä ilmaantuu maisemiin.

Omalaatuisuudessaan Opar yksinään riittää tekemään Edgar Rice Burroughsista yhden kadonneen maailman lajityypin tunnustetuista mestareista. Sen asujaimisto kyllä mietitytti luonnontieteistä kiinnostunutta pikkupoikaa ja antaa myös aiheen pohtia kirjailijan rotuasenteita. Merkittävän osan teoksistaan hän kirjoitti kotimaansa pahimmalla ihonväririistiriitojen aikakaudella sitten sisällissodan, kun esimerkiksi Ku Klux Klan oli romantisoitu ja monet kaupungit säätivät paikallisia rotuerottelu- ja rotusortomääräyksiä. Sen takia Burroughsin suhde rasismiin on ollut suuri väittelyn aihe.

Burroughsista tiedetään kiistattomasti, että yksityiselämässään hän kykeni luontevasti unohtamaan ihonvärin ja seurusteli sekä mustien että valkoisten kanssa. Toisaalta liikeasioissaan hän oli valmis käyttämään rasistisia tunteita hyväkseen häikäilemättömän myyntimiehen otteella. Tästä hyvä esimerkki on hänen suurtilansa Tarzanan tapaus.

Rikastuttuaan kirjailijana Burroughs osti Kaliforniasta suuren maapalan, jonka hän nimesi viidakkosankarinsa mukaan tarkoituksenaan perustaa sinne maatila. Esikaupungin pojasta ei kuitenkaan tullut viljelijää eikä karjamiestä, ja pian osoittautui, että Tarzana Ranch oli Burroughsille pelkkä taloudellinen rasite. Niinpä hän päätyi pätkimään koko läänin erillisiksi tonteiksi ja myymään näitä parselleja uuden kodin perustajille: markkinoinnissaan hän nimenomaisesti korosti, että tästä oli tarkoitus luoda täysvalkoinen naapurusto ja turvallinen kasvuympäristö valkoihoisille lapsille. Vastaavalla tavalla hän joutui myös *pulp*-viihdekirjailijana myötäilemään lukijoidensa ennakkoluuloja. Siksi emme Tarzan-sarjassa tapaa ainoatakaan kaksiväristä lemmenparia – emme toki myöskään pelottavaa mustaa raiskaajaa, joka koettaisi koskea valkoiseen naiseen. On tietysti kuvaavaa, että silloiselle yleisölle saattoi myydä helpommin ajatuksen apinasta (Oparissa) kuin mustasta miehestä valkoisen naisen sukupuolikumppanina.

Valkoisia ihmisiä ja eurooppalais-amerikkalaista sivilisaatiota Burroughs ei kuitenkaan yksiselitteisesti ihannoi. Tarzan-kirjojen roistot ovat tavallisesti valkoisia miehiä, jotka tunkeutuvat Afrikkaan pahat mielessä; tosin sarjan loppuosassa, hyvin epätyypillisessä Tarzan-romaanissa *Tarzan Sumatran viidakoissa*, tavataan myös seksuaalihimokkaita japanilaisia upseereja, jotka ahdistelevat valkoisia tyttöjä. Tämä romaani on syntynyt Yhdysvaltain Tyynenmeren sodan propagandaksi, ja siitä kannattaa panna merkille, että yhtenä japanilaisupseerien vastenmielisistä piirteistä esitetään juuri rasistinen rotukorskeus, amerikkalaisuuden parhaana puolena taas kansallisuuksien sulatusuuni, josta Burroughs antaa ymmärtää olevansa isänmaallisesti ylpeä.

Tarzanin suhde mustiin afrikkalaisiin on erittelevä: hän taistelee taikauskoisia ihmissyöjä- ja ihmisuhraajaheimoja vastaan, mutta hänen liittolaisinaan esiintyy hyviä heimoja, joilla on luonnostaan sydämen sivistystä. Tärkein näistä ovat tietysti wazirit, joiden nimi merkillistä kyllä on lainattu Afganistanin ja Pakistanin rajaseudulla asustavalta, erityistä paštun kielen murretta puhuvalta kansanryhmältä. Waziri kuulostaa toki uskottavalta afrikkalaisheimon nimeltä, koska ihmistä tarkoittavien sanojen monikko swahilin kielessä alkaa *wa-*.

Sarjakuvissa waziriheimoa johti vanha ja arvokas Muviro, ja niissä esiintyi usein myös Muviron pojanpoika, johon me poikaikäiset saatoimme samaistua. Pojan isäksi oli oletettavasti ajateltu Muviron poika Wasimbu, joka oli kirjasarjan maailmassa *menettänyt henkensä puolustaessaan apinamiehen vaimoa ja kotia*. Pojanpoikaa ei romaaneissa mainittu, hän oli kokonaan sarjakuvantekijöiden luomus. Alkujaan Tarzan oli kuitenkin itse noussut wazirien päälliköksi ja hänet oli hyväksytty heimoon. Muviro ilmaantui kirjasarjassa kuvioihin vasta myöhemmin, jolloin Tarzanin suhde heimoon oli muuttunut bwanamaisemmaksi ja vähemmän läheiseksi: hän ei enää ollut yksi wazireista, vaan heimon valkoihoinen isäntä ja suojelija.

On mahdollista, että kirjailija joutui laajan yleisön makutottumuksia myötäilläkseen muokkaamaan wazirien ja Tarzanin suhdetta enemmän siirtomaakirjallisuuden valmiiden kliseiden (esimerkiksi Edgar Wallacen *Sandi*-romaanien) näköiseksi. Tämä ei olisi ollut ensimmäinen kerta. Hiljattaisen mainetta puhdistavan elämäkerran mukaan esimerkiksi julman miehen maineen saanut tutkimusmatkailija, tohtori Livingstonen löytäjänä tunnetuksi tullut Henry Stanley oli itse asiassa huomattavasti aiempaa käsitystä oikeudenmukaisempi ja asiallisempi kaveri, mutta joutui kirjoissaan stilisoimaan itsensä kovaluontoiseksi kantajiensa rääkkääjäksi, koska lukeva yleisö odotti brutaalina pidetyn Afrikan kesyttäjältä armottomia otteita. Elämäkerran mukaan hänelle pestautui siksi töihinkin kaikenlaisia raakoja rasisteja, joiden julmuuksia hän sitten joutui parhaansa mukaan hillitsemään. Uskoo ken tahtoo, mutta Burroughsinkin asenteissa on havaittavissa tällaisia ristiriitaisuuksia, jotka selittyvät parhaiten vastentahtoisena yrityksenä sopeutua rasismin hyväksyvään ilmapiiriin.

Wazirit ovat ihmissyöntiä ja muita raakuuksia kavahtavia, jaloja villejä, mutta myös julmille kiduttajaheimoille Tarzan, tai kirjailija, osoittaa tiettyä inhimillistä ymmärtämystä. Kun sellainen heimo valmistautuu silpomaan kuoliaaksi ranskalaisen upseerin Paul d'Arnot'n, josta apinamiehen pelastamana tulee myöhemmin tämän hyvä ystävä, Burroughs kiirehtii korostamaan, että kyseessä on heimo, joka on aiemmin elänyt Belgian Kongon alueella ja kärsittyään kuningas Leopoldin julmuuksista katkeroitunut kaikkiin valkoisiin.

Minään kovin syvällisenä kolonialismin kritiikkinä tätä ei toki voida pitää, sillä Leopoldin Kongo oli monella tavalla helppo maali. Itse asiassa Belgian Kongon murhenäytelmää käytettiin omana aikanaan pitkälti siirtomaavallan moraalisena puolustuksena: Leopold oli voinut riistää Kongoa siksi, että se oli ollut hänen henkilökohtainen liikeyrityksensä, johon Belgian viranomaisilla ei ollut sanomista. Jos se olisi alun pitäen ollut oikea asiallisesti valvottu ja hallinnoitu siirtomaa, verilöylyltä olisi vältytty – katsoivat aikalaiset.

Burroughsin omia asenteita pohdittaessa on kuitenkin syytä kiinnittää huomiota siihen, että hänen maailmassaan julmat ihmissyöjävillit ovat mitä ovat, koska valkoisen miehen raakuudet ovat kovettaneet heidän luonteensa – heidän armottomuutensa taustalla on siis inhimillisesti myötäelettäviä syitä. Jos kirjailija olisi sellainen rasisti kuin joskus kuulee väitettävän, luulisi, ettei hänen tarvitsisi kehitellä selityksiä afrikkalaisten julmuudelle: rasistin mielestähän kaikki mustat ovat pahoja raakalaisia silkkaa mustuuttaan.

Tarzan suhtautuu kyllä Afrikan alkuperäisväestöön aina ylemmyydentuntoisesti. Osittain kyse on siitä, että hänelle viidakon eläimet, eivät vain apinat, ovat viime kädessä ihmiskuntaa läheisempiä. Taustalla väikkyy suoranainen kristillinen perisyntikäsitys: ihminen on langennut, turmelee, tuhoaa ja pilaa, kun taas eläimet elävät osana luontoa Jumalan luomien vaistojensa mukaan tappaen vain nälkäänsä. Mustatkin afrikkalaiset ovat Tarzanille ihmisiä tässä kielteisessä mielessä.

Toki Tarzan toimii myös mustan miehen suojelijana valkoisen miehen ahneutta ja pahuutta vastaan. Musta mies kääntyy itkien viidakon valtiaan puoleen ja kertoo pahan valkoisen ahdistelleen ja surmanneen hänen läheisiään. Silloin Tarzan lähtee matkaan, jäljittää viidakkovaistojensa ja uskollisten eläinystäviensä avulla roiston ja ilmoittaa tälle: olet murhannut ja rääkännyt Tarzanin suojatteja, ja sitähän ei Tarzan hyvällä katso. Rangaistus on kuolema, ja Tarzan panee tuomion viipymättä täytäntöön järskäyttämällä rikollisen kaulaluut väkivahvoilla kourillaan säpäleiksi.

Tarzan on viime kädessä eräänlainen kolonialisti – hän on syntyjään englantilainen lordi ja toimii yhteistyössä brittien kanssa, ja esimerkiksi romaanissa *Tarzan ja kultaleijona* hän asustaakin perheineen hyvin epäapinamaisesti siirtomaaherran bungalowissa uskollisten mustien waziri-sotureiden toimiessa palveluskuntana. Tässä kirjassa Tarzan perheineen jopa pukeutuu khakiin, joka on niin vahva siirtomaabrittiläisyyden symboli, että afrikaansin kielessä englantilaisen haukkumanimi on vieläkin *kakie.* Siirtomaaherrana hän on kuitenkin hyväntahtoista ja oikeudenmukaista laatua. Burroughs on poliittisesti konservatiivi sanan kirjaimellisessa merkityksessä, eli hän kannattaa olevia oloja ja vakiintuneita instituutioita. Samalla hän kuitenkin mieltää niiden olevan pahojen ihmisten turmeltavissa ja haluaisi mieluummin moraaliltaan puhtaita miehiä niitä johtamaan. Kolonialismikaan ei olisi epäoikeudenmukainen järjestelmä, Burroughs antaa ymmärtää, jos siirtomaaherrat olisivat Tarzaneita, eli paikallista elämäntapaa ymmärtäviä, oikeudenmukaisia ylituomareita.

Samantyyppinen ajatus hyväntahtoisesta siirtomaavallasta vilahtaa esimerkiksi T. E. Lawrencella, "Arabian Lawrencella", joka ehdotti "uutta imperialismia" ~ ei enää alkuasukkaiden riistoa, vaan yhteistyötä heidän kanssaan molempien etuja palvelevalla tavalla. Lawrence itse eli kuten opetti ja nosti arabit vapaustaisteluun heitä tuolloin hyvinkin siirtomaavallan otteella hallinnutta ottomaanien Turkkia vastaan ensimmäisen maailmansodan aikana, kun Turkki oli sodassa Saksan puolella ja kansannousu vastasi britti-imperiumin etuja; hänen haaveensa oikeudenmukaisesta imperialismista ei kuitenkaan toteutunut.

Burroughs oli tiukka antikommunisti, jolla oli Hollywood-aikoinaan omat riitansa unelmatehtaan punaisten radikaalien kanssa. Kirjoissaan hän ei kuitenkaan saanut kommunisteista roistoina paljoakaan irti. Parissa Tarzan-kirjassa esiintyy toki konnina "punaisen Venäjän", siis Neuvostoliiton, agentteja. Sen vielä antaa anteeksi, että heidän nimensä ovat piinallisen epäuskottavaa tekovenäjää. Suurempi moite on, että he ovat juuri konnankoukkujensa osalta mitäänsanomattomia peruslurjuksia, joiden tavoitteissa ja suunnitelmissa ei ole mitään kovin aatteellista.

Pääbolševikki Peter Zveri (parempaa venäjää voisi olla Pjotr Zverev) ei esimerkiksi pyri niinkään lietsomaan afrikkalaisia kapinaan siirtomaaisäntiään vastaan, mikä kuulostaisi uskottavan kommunistiselta, kuin perustamaan oman siirtomaavaltansa Afrikkaan. Voi toki olla, että Burroughsin tietoisena tarkoituksena oli esittää kommunistit vain taas yhtenä valkonaamaisten onnenonkijoiden porukkana, joka tulee riistämään Afrikkaa ja afrikkalaisia – eikähän hän siinä nykytietojemme mukaan täysin väärässä ollutkaan. Hauskempaa on, että kommunistit kuvataan jonkinlaiseksi operettimaiseksi viitta- ja tikariveljeskunnaksi, joka tunnistaa toisensa salaisista käsimerkeistä, kuten esimerkiksi vapaamuurarien väitetään tekevän.

Huomattavasti kommunisteja kiinnostavampi lurjus on Nikolas Rokoff, aatelistaustainen emigranttivenäläinen, joka tavataan sarjan alkuosassa. Rokoff on hyytävän psykopaattinen manipuloija ja sellaisena väkevästi läsnä niissä kirjoissa, joissa esiintyy. Pikkupoika-ajoilta minulle jäikin mielikuva Rokoffista Tarzanin arkkinemesiksenä, samanlaisena aina kuvioihin palaavana ikivihollisena kuin esimerkiksi Teräsmiehen Lex Luthor. Siksi olikin hämmentävää nyt aikuisena kirjoja uudelleen lukiessa huomata, että viidakon ankara laki tavoittaa roiston jo sarjan kolmannessa osassa, *Tarzanin pedoissa*. Sarjan katsotaan nousseen huippukohtaansa vasta sen jälkeen, joskus *Talttumattoman Tarzanin* ja *Kauhean Tarzanin* aikoihin, mutta demonisen Rokoffin menehtyessä Tarzan-universumin paholainen kuoli ja helvetti jäätyi, eivätkä myöhemmät kelmit oikein koskaan kyenneet sulattamaan sitä uudelleen.

Rokoff kuuluu siihen osaan Tarzanin seikkailuja, joissa pysytellään vielä siirtomaa-Afrikan asetelmissa, jos kohta sielläkin kummittelee Oparin kaltainen fantasiaelementti. Tarzania kasvattavat suuret apinat ovat fantasiaa nekin, mutta luontevaa jatkoa sille, mitä suuri yleisö kirjoittamisen aikaan tiesi Afrikasta. Sekä simpanssien että gorillojen tutkimus niiden omassa elinympäristössä on päässyt vauhtiin vasta 1900-luvulla, ja ajatus, että Afrikan viidakoiden pimeydessä eläisi älyltään lähes ihmisen vertainen apinakansa, jolla olisi myös jonkinlainen puhekieli, tuntui Burroughsin kirjoittaessa romaanejaan lähestulkoon järkeenkäyvältä.

Burroughs oli lajityypissään edelläkävijöitä kehitellessään keinotekoista kieltä tarinamaailmoilleen. Apinoiden käyttämät avainsanat – *kreegah, bundolo, mangani, kagoda* – muistamme Tarzan-kirjoista tai lapsuuden Tarzan-kerhon apinain kielen sanakirjasta, mutta myös Pal-ul-donille, yksinomaan romaanissa *Kauhea Tarzan* esiintyvälle hännällisten ihmisten ja esihistoriallisten eläinten laaksolle hän loi oman kielen.

Mikään Tolkien hän ei toki ollut: hänen kielensä ovat joko apinain kielen kaltaisia yksinkertaisia koodeja ilman kielioppia (jotka kyllä vastaavat aika hyvin sitä, millä tasolla simpanssien ja gorillojen kyky käyttää kieltä on) tai sitten pelkkiä englannin kielioppirungon päälle koottuja sanastoja, kuten Pal-ul-donin kieli.

On vaikea sanoa, miten paljon Burroughs ylipäätään osasi muita kieliä kuin englantia. Hänen apassikirjansa *Intiaanipäällikkö* ja *Intiaanipäällikön kosto* erottuvat realismissaan edukseen sekä intiaaneja demonisoivista että heitä ihannoivista lännentarinoista, ja niissä esiintyy myös autenttisia apassikielisiä nimiä ja sanastoa. Olisi mukavaa voida uskoa kirjailijan perehtyneen ratsuväkiaikoinaan apassikulttuuriin ja -kieleen riittävän hyvin voidakseen kirjoittaa nämä romaanit oman käytännön asiantuntemuksensa pohjalta, mutta valitettavasti näin ei ole. Hänen tärkeimpien lähteidensä joukossa oli kuitenkin toisen ratsuväkiveteraanin, kapteeni John Gregory Bourken tutkimus chiricahua-apassien tavoista ja perinteistä. Bourkesta tiedetään, että hän vaati ratsuväen palvelukseen tiedustelijoiksi pyrkiviä apasseja kertomaan ystävyyden osoitukseksi jotain heimonsa kielestä, tavoista tai historiasta. Tällä tavalla Bourke saikin koottua valtavasti etnologista tietoa apassikulttuurista, ja hänet luetaankin nykyään amerikkalaisen kansatieteen klassikoihin.

Burroughsin kynä muutti Bourken tieteellisen työn tulokset mukaansatempaavaksi seikkailutarinaksi. Valitettavasti Burroughsin romaanit intiaanisoturi Shoz-dijijistä ovat ansaitsemattomasti jääneet Tarzanin ja John Carterin varjoon. Shoz-dijijin tarinassa intiaaneista ei yritetä tehdä partiopoikia, vaan heidän raakuuksiaankin kuvataan realistisesti. Tietenkin sen takana on myötäelettävä motiivi eli katkeruus valkoisia maanryöstäjiä kohtaan, aivan kuten julman afrikkalaisheimon rotuvihan taustalla olivat sen kärsimykset kuningas Leopoldin vuosina.

Shoz-dijiji itse on valkoinen poika, jonka apassisoturi adoptoi vauvana surmattuaan lähinnä huvikseen hänen vanhempansa ja josta tulee heimonsa ankarin ja katkerin valkoisten vihaaja. Adoptioisä on itse Geronimo, mutta tämä selviää lukijalle vasta vähitellen, sillä kirjailija viittaa häneen apassikielisellä nimellä Go-yatthlay (nykyään se kirjoitettaisiin Goyaałé). Valkoisten antama liikanimi kuuluu toiseen, intiaanien omien ihmissuhteiden kannalta epäoleelliseen maailmaan.

Intiaanipäällikkö-kirjat ovat erinomainen vastatodiste Burroughsiin suunnatuille rasismisyytöksille. Suurimmat roistot ovat niissäkin valkoisia: rajaseudulle änkeävästä kansasta merkittävä osa on lukutaidotonta ja sydämeltäänkin sivistymätöntä roskaväkeä, joka sekä juo itse että myy intiaaneille viinaa, tyypillisimpänä esimerkkinä kapakanpitäjä ja sutenööri Paskainen Cheetim. (Sana "Paskainen" on suomentajan omaa revittelyä, sillä alkutekstissä Cheetim oli vain *dirty*, likainen; mutta mitenkään liiallisuuksiin kääntäjän ei voi sanoa menneen, sen verran epämiellyttävästä tyypistä on kyse.) Kaikkien ihmisten yhteistä inhimillisyyttä kirjailija taas korostaa viittaamalla adoptoidun pojan skotlantilaiseen alkuperään: Skotlannin muinaiset klaanisoturit olivat Burroughsin mielestä pohjimmiltaan samantyyppisiä hurjia villejä kuin Geronimo, eivät huonompia eivätkä parempia, joten jokin kosminen oikeudenmukaisuus toteutuu apassipäällikön kelpuuttaessa kasvattilapsekseen skottien jälkeläisen.

Apinain kieli on Tarzan-kirjoissa alun perin vain "suurten apinoiden", siis ihmisapinoiden kieli. Sarjan mittaan myös pienet marakatit tuntuvat oppivan sitä yhä paremmin, ja lopulta näyttää siltä että sitä ymmärtävät muutkin eläimet: esimerkiksi kirjailijan kuvatessa villin kissapedon ajatuksia, jotka tietysti pyörivät enimmäkseen saaliseläinten ympärillä, niistä käytetään apinainkielisiä nimityksiä. Tämäkin osoittaa, kuinka Burroughs yhä enemmän leipääntyi Tarzan-kirjojen kirjoittamiseen: mielikuvitusmaailman alkuperäiset lait eivät enää pysyneet koossa,vaan kirjailija meni mieluummin siitä, missä aita oli matalin.

Samasta väsähtämisestä kertovat mielestäni sarjan loppupuolen kadonneista maailmoista ainakin kaksi. *Tarzan, viidakon valtias* on kummallisen harhaanjohtavasti nimetty, koska siinä tutustutaan ristiretkikeskiajan jäljiltä Afrikan uumeniin jääneeseen yhteiskuntaan. Seuraavan osan nimi on huomattavasti osuvammin *Tar-*

zan ja kadonnut valtakunta – tämä valtakunta on antiikin Rooma, joka sekin jatkaa elämäänsä pimeän maanosan sydämessä. Kumpikin miljöö on kliseekamaa lavastevaraston pohjalta, eikä niissä ole paljon mitään Burroughsin omaa.

Huomattavasti enemmän arvostan niitä romaaneja, joissa tekijä palaa *omiin* vanhoihin mielikuvitusmaailmoihinsa: *Tarzanissa ja kultaleijonassa* sekä *Voittamattomassa Tarzanissa* Opariin, teoksessa *Tarzan maan uumenissa* taas maanalaiseen Pellucidariin, joka siihen asti ei ollut esiintynyt Tarzan-kirjoissa, vaan omassa romaanisarjassaan. Pal-ul-donista hän ei kirjoittanut uusia kirjoja, mikä tuntuu hämmentävältä, sillä Tarzan-sarjakuvissa se oli sittemmin hyvinkin suosittu aihe – kuten toki myös Pellucidar.

Oparissakaan ei *Voittamattoman Tarzanin* jälkeen enää käyty, mutta seikkailussa *Tarzan ja kultakaupunki* – jo kirjan nimi kuulostaa pahaenteiseltä: *ei taas näitä* – sankari eksyy Cathne-nimiseen muinaissivilisaation jäännekaupunkiin, joka tunnetaan kulta-aarteistaan. Kaupunkia hallitsee tietysti pimahtanut kuningatar, joka rakastuu sankariin, eli kirjailija plagioi siinä omaa itseään ja Opariaan. Tämän jälkeen Burroughs koetteli lukijaparkoja myös kirouksella nimeltä *Tarzan ja kielletty kaupunki*, jossa hän puolestaan plagioi *Tarzania ja kultakaupunkia*. Myönnän, etten ole lukenut tätä teosta, mutta tavallisesti luotettavat tahot (kuten merkittävän Burroughs-monografian *Master of Adventure* kirjoittanut Richard A. Lupoff) ovat antaneet ymmärtää, että maailma olisi huomattavasti parempi paikka ilman kyseistä tekelettä.

Urheassa Tarzanissa Burroughs rakentaa taas yhden valkoihoisen Euroopan historian ulkoilmamuseon, mutta tällä kertaa se on aitoa Burroughsia – nimittäin Midianin kansa, joka tunnustaa julmaksi parodiaksi vääristynyttä muotoa ensimmäisten kristittyjen uskonnosta. Midianin kansan perustaneet Aatami ja Eeva ovat varhaiskristitty Angustus (siis Angustus, ei Augustus) Efesolainen ja hänen markkinoilta ostamansa vaaleahiuksinen, pohjoisen barbaarikansojen keskuudesta vangittu orjatar vailla nimeä. Burroughs luonnehtii Angustusta epileptiseksi uskonfanaatikoksi, jonka kristillisyys on pikemminkin apostoli Paavalin sankaripalvontaa: "Paavali" on itse asiassa midianilaisten "kristinuskossa" tärkeämpi hahmo kuin Jeesus.

Kun Paavali teloitetaan marttyyrina, Angustus sekoaa lopullisesti ja pakenee tyttöineen Afrikan viidakoihin. Tämä tarina olisi jännittävä kertoa tarkemminkin, Burroughs toteaa *Urhean Tarzanin* alkusanoissa; mutta samalla hän vihjaa, että epileptisen uskovaisnörtin pakkorakkaudessa orjattareen ei ollut kohottavan lemmentarinan ainesta. Epilepsia on Burroughsin ruumiillista kauneutta ihannoivassa maailmankatsomuksessa tietenkin kokonaisvaltaisen vammaisuuden ja rappion merkki, ja ajatus kiihkomielisestä, rujosta Angustuksesta kähmimässä kultatukkaista kaunotarta tuntuu pornahtavan tabulta.

Midianilaiset, jotka suurimmaksi osaksi ovat perineet epilepsian Angustukselta, taas pitävät sitä pyhänä tautina. Heidän vanhimmistonsa perusteleekin anteliaalla kädellä jakamiaan kuolemanrangaistuksia kaatumakohtausten yhteydessä näkemillään jumalallisilla ilmestyksillä. Teloitettaviksi tunnutaan tuomittavan ennen muuta nuoria naisia, eli yhteisössä pitää valtaa naisvihan läpitunkema äijäpatriarkaatti, joka ilmaisee seksuaalisuuttaan himoitsemiaan tyttöjä sadistisesti surmaamalla. Tämä on sinänsä tuikitavallinen ilmiö Burroughs-universumissa, lieneekö sitten seurausta kirjailijan omasta neuroosista vai lajityypin konventioista.

Angstisen Angustuksen alullepanema Midianin kansa irvailee tietenkin amerikkalaiselle fundamentalismille, joka kulttuuri-ilmiönä oli olemassa jo Burroughsin aikana. Midianilaiset ovat äärimmilleen venytetty versio siitä kliseestä, jonka mukaan uskovaiset ovat kaiken kivan kieltäviä tiukkapipoja. Heidän keskuudessaan hymyileminenkin on syntistä ja epäilyttävää, koska se johtaa väistämättä nauruun, ja nauru taas on iloa ja nautintoa, eli siis perkeleen siveetön houkutus. Tämä onkin suunnilleen kaikki, mitä he tietävät kristillisyydestä tai mitä heidän kristillisyydestään sen puoleen tarvitsee tietää.

Burroughsin romantisoiva käsitys perinnöllisyydestä tulee näkyviin siinä, että midianilaisten keskuuteen aina silloin tällöin syntyy Angustuksen vaalean orjattaren näköisiä kauniita tyttöjä luonnonjumalattaren protestina tämän kansan rappiolle ja sisäsiittoisuudelle. On kuin midianilaisilla olisi vain kaksi geeniä, Angustus-geeni ja orjatyttögeeni, ensimmäinen hallitseva ja jälkimmäinen väistyvä. Burroughs ei todellakaan ymmärrä biologiaa erityisen syvällisesti, mutta sisäsiittoisuuteen hän suhtautui niin vihamielisesti, ettei pohjimmiltaan olisi kyennyt uskomaan mihinkään rotupuhtausteorioihin. Merkille pantavaa toki on, että Burroughs ei uskalla suositella midianilaisille sitä luonnonlääkettä, jota geenipulaan olisi Afrikassa yllin kyllin tarjolla, eli paikallisten mustien ihmisten kanssa pariutumista.

Burroughs ivasi muotoihin kangistunutta uskonnollisuutta muissakin teoksissaan: Tarzan-sarjasta mieleen tulee midianilaisten lisäksi Pal-ul-don, jossa auringonjumala Jad-ben-Othoa lepytellään lapsiuhreilla. Pal-ul-donissa Tarzan ilmoittaa olevansa jumalan poika Dor-ul-Otho, joka kieltää ihmisuhrit. Mehän tiedämme hyvin, mistä vanhasta hyvästä kirjasta Tarzan, tai Burroughs, tämän idean nappasi. Järjestäytynyt uskonto tarkoittaa Burroughsille ihmisten murhaamista ja silpomista julmien ja oikullisten jumalten nimissä ja farisealaisten pappien säälimätöntä diktatuuria ~ sekä Oparissa että Pal-ul-donissa uhrataan auringolle, ja myös Midianin järjettömät kuolemantuomiot voidaan tulkita ihmisuhreiksi. Sitä vastoin se, mitä Tarzan teki Pal-ul-donissa, oli merkki vilpittömän uskonnollisen tunteen parantavasta ja vanhurskauttavasta voimasta, jota Burroughskaan ei halunnut kiistää.

Tarzan-sarjan kohokohtia on *Tarzan ja pikkuväki*, joka saa toimia myös aasinsiltana Tarzan-kirjoista Mars-sarjaan, sillä minuneiksi kutsutun pikkuväen maailmalla on paljon yhteistä Barsoomin kanssa. Minunit asuvat taas yhdessä Afrikan eristyneessä laaksossa. He ovat pienikokoisia, alle puolimetrisiä ihmisiä, heidän ruumiilliset mittasuhteensa ovat kuten tavallisten ihmisten ja he muistuttavat sotataidoiltaan ja kulttuuriltaan jotain muinaisen Rooman ja keskiajan välimuotoa. Heidän kaupunkivaltionsa ovat yleensä sodassa keskenään, mikä kuulostaa kovasti Mars-kirjojen meiningiltä. Vaikka sotaa käydään miekoilla ja keihäillä, minunien tiede on niin kehittynyttä, että vihholliskaupungin tiedemies onnistuu laitteillaan kutistamaan Tarzanin heikäläisen kokoiseksi. Sama ristiriita löytyy myös Barsoom-sarjan kirjoista.

Barsoom on Burroughsin keksimä nimi Marsille marsilaisten kielellä ~ -soom on kaikkien planeettojen nimen loppuosa, sillä Maa on Jasoom, Merkurius Rasoom, Venus Cosoom ja Jupiter, jossa käydään sarjan viimeisessä, kesken jääneessä osassa, Sasoom.

Rasoomin ja Cosoomin asukkaista ei Barsoom-sarjassa saada tietää yhtään mitään, jos kohta kirjailija on kyllä laatinut myös useita romaaneja Carson Napier -nimisen Maan asukkaan seikkailuista Venuksessa. Barsoom on kuitenkin kuuluisin hänen avaruudentakaisista luomuksistaan, ja siinä missä Tarzanin maailma sarjan edetessä murenee, Barsoom pysyy aika tasalaatuisesti koossa alusta loppuun.

Ensimmäisessä osassa *Marsin sankari* tutustumme John Carteriin, etelävaltioiden upseerina ansioituneeseen mieheen, joka on kehystarinan mukaan kirjailijan sukulainen ~ todellisuudessa Edgar Rice Burroughs oli kotoisin Oak Parkista, Chicagon naapurista, eikä ollut etelävaltioita nähnytkään. Lähinnä hän hyödynsi sitä sisällissodan hävinneen osapuolen romantisointia, joka tuli vähitellen muotiin sodanjälkeisen katkeruuden hellitettyä voittoisalla puolella ~ sen merkittävin seuraus valtavirtakulttuurin piirissä oli tietenkin *Tuulen viemää.*

Aluksi John Carter esitellään vain kadonneen etelävaltiolaisuuden väitettyjen ritarillisten hyveiden edustajana. Vasta kun hän pääsee puhumaan omalla äänellään, osoittautuu, että hän on jotain muutakin. Siinä missä Tarzanin syntymä, lapsuus ja nuoruus tunnetaan ja hän muuttuu vasta vähitellen myyttiseksi viidakon Tapioksi, John Carter on arkisesta nimestään ("Jussi Kärrymies") huolimatta alun pitäenkin enemmän tai vähemmän yliluonnollinen olento: universaalisoturi, joka on elänyt maan päällä vuosisadat muuttumattomana eikä muista lapsuuttaan. Jossain historian vaiheessa hän on kuitenkin lyöttäytynyt yhteen Edgar Rice Burroughsin kuvitteellisen perheen kanssa, joka on alkanut pitää häntä isoisoiso...(jne.)...setänään.

Burroughs keksi siis itselleen olemattomat etelävaltiolaisjuuret, mutta todellisuudessa hänen isänsä, majuri George Tyler Burroughs, oli taistellut sisällissodassa *pohjoisvaltioiden* puolella eikä ollenkaan innostunut siitä, että poika väitti olevansa virginialaisten orjanomistajien jälkeläinen. John Carterin hahmosta ja etelän hyveistäkään isä ei paljoa perustanut. Pikemminkin hän näki Marsin sankarissa sodanaikaisen vastapuolensa ikävät ja vastenmieliset piirteet. Tarzan miellytti häntä paljon enemmän.

Kauan odotetussa elokuvasovituksessa sekä romantisoidun etelän hyveet että iättömyys puuttuvat John Carterista. Sen sijaan hänestä on tehty vaimonsa ja lapsensa oletettavasti kenraali Shermanin poltetun maan sotaretken uhreina menettänyt entinen upseeri, joka sisällissodan jälkimainingeissa keskittyy purkamaan hävinneen osapuolen katkeruuttaan kapakkarähinöihin. Hahmo on kieltämättä realistisempi kuin Burroughsin kirjojen Carter, mutta realismi ja Barsoom-sarja sopivat yhteen presiis yhtä kehnosti kuin kissa ja koira. John Carter on ehkä levoton soturisielu, mutta kirjojen Barsoomissa hän löytää kodin ja onnen rakastettunsa Dejah Thorisin luota muuttuen myyttisestä olennosta ainakin jossain määrin vakiintuneeksi mieheksi ja perheenisäksi; tarinan tämä ulottuvuus ei korostu elokuvassa kuten sen pitäisi.

Romaanisarjan Carter lähtee sotakaverinsa Powellin kanssa Arizonaan kultaa etsimään, koska hänen sadat tuhannet etelävaltiolaisdollarinsa ovat sotatappion myötä muuttuneet arvottomiksi villikissanrahoiksi. Miehet joutuvat kuitenkin yhteenottoon apassien kanssa: nämä surmaavat Powellin ja ajavat Carterin pakosalle outoon kummitusluolaan. Luolasta Carter siirtyy täysmaagisesti Marsiin irtautumalla kehostaan, kuitenkin lihallisen ruumiillisuutensa uudessakin hahmossaan säilyttäen, ja lentämällä sitten avaruuden halki sodanjumalan mystistä kutsua seuraten. Disney-filmatisoinnissa Carter sitä vastoin vaihtaa planeettaa käynnistämällä vahingossa teknisen laitteen: vimpaimen ovat Maahan jättäneet thernit, jotka elokuvan maailmassa ovat pelottava ja synkeä planeettainvälinen salaliitto, mutta kirjoissa pelkästään Marsissa toimiva pappissääty, toki kavala ja vehkeileväinen.

Carter päätyy ensiksi vihreiden, nelikätisten marsilaisten keskuuteen, Tharkin heimoon. Vihreät barsoomilaiset ovat eräänlaisia paimentolaisia, jotka hankkivat elantonsa ryöstämällä; vaellustensa välillä he pysähtyvät lepäämään muinaisten orovarien jälkeensä jättämiin autiokaupunkeihin. Nimensä vihreät klaanit ottavat aina siitä kaupungista, jota pitävät päätukikohtanaan: romaanisarjassa mainitaan ainakin Tharkin, Warhoonin, Thurdin ja Torquasin heimot, joista kaksi ensimmäistä ovat Marsin mahtavimpia ja jatkuvassa sodassa keskenään. Thurdit ja torquasit ovat samoin toistensa perivihollisia, mutta tharkeja ja warhooneja huomattavasti vähälukuisempia.

Vihreät marsilaiset ovat julmaa ja säälimätöntä väkeä, jolle rakkaus, hellyys ja armo eivät merkitse mitään. Seksi tarkoittaa heille vain lisääntymistä, heidän todellinen ilonsa on sotavankien rääkkääminen hengiltä. Toki tällä kuoliaaksi kiduttamisellakin on seksuaalinen oheismakunsa: John Carterin vihreän heimon kuningas tai yliatamaani, barsoomilaisten kielellä arvonimeltään *jeddak*, Tal Hajus haluaa raiskata vangitsemansa kaunottaren ennen kuin hänet kidutetaan ja silvotaan hengiltä koko heimon riemuksi.

Tal Hajus on kuvottavana ja sairaalloisena esitetyssä himokkuudessaan epätavallinen vihreiden barsoomilaisten joukossa. He ovat näet yleensä seksuaalisesti siveellisiä, kirjailija kertoo meille sankarinsa sanoin. Asiaa mietittyään hän kuitenkin päätyy viisaasti toteamaan, että tietty määrä siveettömyyttäkin voisi olla pienempi paha kuin sukupuoliseen puritaanisuuteen yhdistyvä sadismi ja murhanhimo. Lähes Wilhelm Reichin hengessä hän vihjaa, että vihreiden marsilaisten julmuuden takana olisi seksuaalinen nälkiintyneisyys.

Carterilla Maan asukkaana on yli-inhimilliset voimat Barsoomin heikommassa painovoimassa, joten hän tulee puolivahingossa kalauttaneeksi pari vihreää tharkilaissoturia – keskitason sotapäälliköitä – hengettömäksi. Tharkit, joiden mielestä väkivalta on hauskanpitoa ja tappaminen ennen muuta hyvä vitsi, pitävät näitä sattumuksia äärimmäisen hupaisina ja palkitsevat Carterin urotyöt myöntämällä hänelle kuolleiden soturien arvomerkit ja käskyvallan, kuten heidän tapansa vaatii.

Carter saa vihreiltä sotureilta nimekseen Dotar Sojat. Elokuvassa nimen antaa tharkien suuri päällikkö ja sankarimme ystävä ja liittolainen Tars Tarkas, ja tämän selitetään tarkoittavan "oikeat käteni" – vihreällä marsilaisellahan on kaksi oikeaa kättä. Kirjassa kyse on kuitenkin eri asiasta. Vihreillä sotureilla ei ole sukunimiä sen enempää kuin muillakaan barsoomilaisilla, mutta sitä vastoin heillä on lisänimi, jonka he saavat ensimmäiseltä taistelussa surmaamaltaan rotuveljeltä. John Carterin ensimmäisten uhrien lisänimet olivat siis Dotar ja Sojat; epäilemättä Tars Tarkas surmasi nuorena miehenä jonkun soturin, jonka lisänimi oli samoin Tarkas ja joka oli yhtä lailla perinyt nimen ensimmäiseltä uhriltaan.

Syntyessään vihreällä soturilla on yksi ainoa nimi, hän on barsoomilaisten kielellä *o mad* eli "pelkkä mies", siis nuori ja kunnianhimoinen hurjapää, jolla on kiire hankkia itselleen lisänimi tai kuolla yrittäessään. John Carterin vihreä naisvihollinen Sarkoja taivutteleekin Zad-nimisen lisänimettömän soturin hyökkäämään sankarimme kimppuun kalpa ojossa, ja henkeäsalpaavan täpärän taistelun tuloksena molemmat vaipuvat kuivunutta merenpohjaa peittävälle punervalle sammalelle vastustajansa miekan lävistäminä. Koska sankarit eivät kuole, nuori Zad jää ikuisesti vaille toista nimeä, mutta hänen vastustajansa havahtuu vielä henkiin; ja koska vihreät barsoomilaiset naiset ovat lyömättömiä yrttilääkäreitä, jotka pystyvät hoitamaan suolistetunkin soturin nopeasti jaloilleen, heillä ei kauaa nokka tuhise Carteriakaan parantaessa.

Miekka on barsoomilaisten soturien ensisijainen ase, ja hyvää miekkamiestä arvostetaan punaisella planeetalla niin paljon, että hän pystyy rohkeudellaan ja osaamisellaan lunastamaan vihamiestensäkin kunnioituksen. Seikkailujensa aikana John Carter saa usein apua odottamattomilta tahoilta, koska vihollisleirissäkin tunnetaan hänen maineensa rohkeana soturina ja rehellisenä miehenä, joka ei riko valaansa. Kaikki barsoomilaiset eivät toki noudata sitä ritarillisuuden kunniakoodeksia, jonka Carter sanoo luonnehtivan planeetan kulttuuria, mutta riittävän monet, jotta vilpittömyys kannattaa.

Barsoomilaisilla on miekkojen yleisyydestä huolimatta käytössään myös ampuma-aseita, ja heidän pyssynsä ovatkin tuiki tappavia pelejä. Kiväärit ja pistoolit sinkoavat nimittäin ammuksia, jotka räjähtävät päivänvalon vaikutuksesta; ja hyvällä kiikarikiväärillä varustautunut tarkk'ampuja pystyy surmaamaan vihollisensa kilometrien päästä. Viittauksena oman aikansa suureen tiedeuutiseen Burroughs sanoo räjähtävien luotien olevan radiumia. Tietenkään niiden ominaisuudet eivät nykylukijan mielessä selity radioaktiivisuudella, josta kouluopetuksen ja populaaritieteen ansiosta tiedämme yhtä ja toista; mutta Burroughsin lukijat olivat sitä sukupolvea, joka uskoi kyseessä olevan tieteen yleisihme, kaikkeen kykenevä voima. Tämä on vain yksi esimerkki siitä, miten Burroughsin "tieteiskirjailijan" maine johtui hänen kyvystään hyödyntää oman aikansa yleisiä käsityksiä tieteestä ja tekniikasta, joista hän tosiasiassa ei kovin paljoa tajunnut.

Jo aika nuori lukija päätyy ihmettelemään, mihin miekkailutaitoja näin edistyneen pyssytekniikan ohessa enää tarvitaan, paitsi palvelemaan kirjoittajan omia draaman tarpeita. Burroughs on enemmän tarinaniskijä kuin kirjailija: vauhtiin päästyään hän ei aina välitä siitä, kuinka hyvin hänen kertomansa juttu pitää yhtä aiempien samasta aihepiiristä kerrottujen kanssa. Silti juuri John Carter -tarinoissa hän näkee enemmän vaivaa kuin äkkinäinen luulisikaan kehitelläkseen sisäisesti johdonmukaista mielikuvitusmaailmaa. Häneltä olisi siksi voinut odottaa jotain Barsoomin oloihin liittyvää syytä miekan suosiolle.

Yksi uskottava mahdollisuus olisi ollut, että ampuma-aseisiin ja ammuksiin tarvittavat erikoismetallit ja raaka-aineet ovat harvinaista herkkua ja miekkaan turvautuminen siksi suorastaan taloudellisesti välttämätöntä. Kirjailijan ihailijakerholaiset ovat vedonneet siihen, että suurimman osa Barsoomin kulttuurista on alun perin luonut autiokaupungitkin aikoinaan rakentanut orovarien sivilisaatio, jonka vertaisiksi myöhemmät barsoomilaiset ovat nousseet vasta hiljattain, pitkän rappio- ja barbariakauden jälkeen. Tämä selittäisi sitten tekniikan tason sisäisen epäjohdonmukaisuuden.

Vihreiden barsoomilaisten keskuudessa John Carter saa suosiota ja kunniaa soturina, vaikkei arvostakaan toveriensa säälimätöntä elämänkatsomusta. Epäilemättä hänellä on ollut satojen vuosien sotilasuransa aikana paljon tilaisuuksia harjoitella miekkailutaitoja, jos kohta luulisi Barsoomistakin löytyvän hänelle miehenvastusta, sillä planeetan asukkaat elävät jopa tuhatvuotiaiksi. Tämä merkitsee myös, että Barsoom kuhisee rohkeille miehille antautuvaisia kauniita naisia, jotka pysyvät vuosisadat hyvässä neidonlihassa – ja kun John Carterin vihreä heimo vangitsee Dejah Thorisin, planeetan himotuimman prinsessan, sankarillemme avautuu tilaisuus nauttia tästä soturin luontaisedusta henkilökohtaisestikin.

Dejah Thoris kuuluu punaisiin marsilaisiin, Barsoomin sivistyneimpään rotuyhmään, joka kuitenkin on jakaantunut keskenään sotiviin kaupunkivaltioihin. Näistä vahvin on nimeltään Helium ~ Burroughs ei tosiaan näe tämän enempää vaivaa nimien keksinnässä ~ ja juuri tämän maan prinsessa kaunotar on. Helium on poikkeuksellisen iso maa Barsoomin oloihin, eli siellä on useampi kuin yksi kaupunki. Valtiolle nimensä antanut metropolikin koostuu kahdesta erillisestä osasta, suuremmasta ja pienemmästä. Lisäksi siihen kuuluu Hastor-niminen paikkakunta, jolla tuntuu olevan provinssin tai takahikiän asema; ja jo romaanisarjan ensimmäisessä osassa Helium voittaa, valloittaa ja liittää alueisiinsa Zodangan viholliskaupungin, jonka prinssi koettaa pakottaa Dejah Thorisin vaimokseen ~ tästähän John Carter ei ole ilahtunut.

Jos Zodanga päätyykin osaksi Heliumia, kaupungin ryöstöstä ja hävityksestä hengissä selvinneet kantavat vielä pitkään kaunaa John Carterille. Tätä ei suinkaan lievennä se, että Carter on hankkinut Heliumin liittolaisiksi sekä tharkit että joukon pienempiä ja barbaarisempia vihreitä heimoja sotasaalispalkalla: Zodangan valtauksesta tulee siksi poikkeuksellisen raaka.

Zodangalaisten viha John Carteria kohtaan nousee merkittäväksi juonta ohjaavaksi tekijäksi *Marsin jumalissa*, koska sankarin palatessa Heliumiin kaupungin sijaishallitsijana sattuu olemaan zodangalainen mahtimies Zat Arras (englanniksi hänen nimessään on kolme ärrää: Zat Arrras), joka ei tietenkään ole kovin ihastunut John Carteriin. Myös *Marsin miekoissa* esiintyy Zodangan ryöstössä vanhempansa menettänyt ja siksi orjatytöksi joutunut Zanda, joka vihaa John Carteria. Suon itselleni oikeuden kuvitella, että Burroughs olisi hyödyntänyt kapinallisen Zodangan teemaa Barsoom-tarinoissaan enemmänkin, jos hän ei olisi joutunut hirttäytymään Tarzaneihinsa. Barsoom-sarja jäi tälläkin tavoin selvästi kesken.

Punaiset ja vihreät barsoomilaiset puhuvat kaikki samaa kieltä, mikä on yksi epäuskottavimmista piirteistä koko Barsoomin maailmassa ~ ilmeisesti murre-erojakaan ei merkittävässä määrin ole. Luulisi punaisten barsoomilaisten edes kuulevan John Carterin aksentista tai sanavarastosta, että hän on oppinut kielen vihreiltä sotureilta, joiden kulttuuri, elämänasenne ja maailmankatsomus on kovin erilainen (olisiko heillä sanaa esimerkiksi rakkaudelle tai rakastumiselle?). Sitä vastoin kaikilla punaisilla barsoomilaiskaupungeilla on omat kirjoitusjärjestelmänsä. Tämä on huomattavasti järkeenkäyvempää Barsoomin militarisoituneissa oloissa: se ainakin haittaa vakoojien toimintaa.

Toki romaaneistakin ilmenee, että kaikkien tuntemilla sanoilla ja käsitteillä voi Barsoomissa olla paikallisia sovelluksia. Tharkien kansakuntaa johtaa jeddak, mutta heimo jakaantuu alaryhmiin, joiden johtajista käytetään nimitystä *jed*. Toisin kuin elokuvassa, romaanissa Tars Tarkas ei alun perin ole Tharkin jeddak, vaan oman aliheimonsakin kakkosmies: hänen esimiehensä on Lorquas Ptomel -niminen jed, joka tarinan kannalta jää melko värittömäksi oheishahmoksi. Heliumin korkein hallitsija on jeddak Tardos Mors, mutta kutakin hänen kaupungeistaan johtaa jed, ja Heliumin kaksoiskaupungeista pienemmän jedinä toimii jeddakin oma poika ja Dejah Thorisin isä Mors Kajak. Heliumin liittolaisvaltiot, kuten Ptarth, ovat yleensä sen verran isoja ja mahtavia, että niillä on johdossaan jeddak, mutta pienemmille perähikiöille riittää pelkkä jed.

Punaiset barsoomilaiset ovat vihreitä inhimillisempiä varsinkin rakkauselämänsä osalta, mutta planeetan ankarat olot ovat jättäneet jälkensä heidänkin elämäntapaansa. Kaupunkivaltioiden väestö on sotilaallisesti järjestäytynyttä ja jokainen mies käytännössä aseellinen taistelija, vaikka tiedemiehiä ja maanviljelijöitäkin tavataan – tosin ne viljelijät, joiden työtä kirjailija vaivautuu kuvaamaan, ovat itse asiassa valtion virkamiehiä, lähinnä vankilanjohtajia, ja näiden pehtorien alaisuudessa tekevät käytännön maatöitä sotavangit ja orjat. Suuri osa siitä barsoominkielisestä sanastosta ja terminologiasta, jonka Burroughs kehitteli kirjasarjaansa varten, onkin sotilasarvojen ja -osastojen nimityksiä: *panthan, padwar, dwar, odwar, jedwar, utan...*

Armeijat värväävät riveihinsä kotikaupungin asukkaiden lisäksi myös kiertäviä, maattomia palkkasotureita, marsilaisittain *panthaneja*, joista muodostuu vähitellen hieman naurettava klisee. Tarinoiden ylhäiset sankarit nimittäin soluttautuvat vähän väliä panthaneina vihollisarmeijoihin, eikä näillä ole minkäänlaista vastavakoilua, joka ottaisi moiset tunkeilijat ajoissa kiinni. Kun hämmästelin tätä asiaa, muuan sotilasasioihin perehtyneempi tuttavani huomautti, että vastavakoilu sinänsä on meidänkin planeetallamme kehittynyt verraten myöhään: riveihin ujuttautuneilla vakoojilla ei esimerkiksi Burroughsin omina ratsuväkiaikoina ollut käytännön keinoja tehokkaasti viestiä tietojaan omalle puolelle. Eikä heillä ole sellaisia Barsoomissakaan, sillä yksi niistä tekniikan haaroista, joita lukija turhaan etsii John Carterin maailmasta, on etäviestintä ja joukkotiedotus. Burroughs kirjoitti ensimmäisen Barsoom-seikkailunsa ennen langattoman lennättimen yleistymistä. Lankapuhelimen katsotaan syntyneen Alexander Graham Bellin verstaassa vuonna 1876 eli vuoden sisällä Burroughsin syntymästä, mutta ensimmäinen kaukopuhelu Yhdysvaltain länsi- ja itärannikon välillä soitettiin vasta samoihin aikoihin kun hän työsti ensimmäistä Barsoom-romaaniaan. Onneksi tiedotusvälineiden puuttumiselle Barsoomista on uskottava mielikuvitusmaailman sisäinen selitys: barsoomilaiset kykenevät lukemaan toistensa ajatuksia sekä antamaan telepaattisia käskyjä ratsuilleen ja juhtaeläimilleen eikä heillä siksi ole kovin vahvaa kulttuurista painetta kehittää viestinlaitteita.

Chicagon liepeillä varttuneena Burroughs luonnollisesti kansoitti marsilaiset kaupungit myös värikkäällä ja kukoistavalla alamaailmalla, jonka pääasiallinen leipäheitto ovat salamurhat. Barsoomin rikollispiireistä lukija näkee mielenkiintoisen vilauksen ainakin romaanissa *Marsin miekat*, jonka huima juoni alkaa siitä, että John Carter päättää panna pystyyn oman vakooja- ja tappajaverkoston kitkeäkseen salamurhat Heliumista kokonaan – jopa hänen prinsessansa Dejah Thoris pitää tätä toivottomana ajatuksena, niin syvälle on salamurhakulttuuri Barsoomiin juurtunut. Romaanin mieleenjäävimpiä rikollishahmoja on selkärangaton pikkulurjus "Rotta"-Rapas, joka vehkeilee sekä John Carteria että salamurhaajien kiltaa vastaan.

Kuuluisia murhamiehiä Barsoomissa pelätään, mutta myös ihaillaan kuin mitäkin elokuvatähtiä tai levylaulajia meidän planeetallamme, ja murhaajilla on omat kiltansa ja oma ammattietiikkansa. Suurimpia salamurhaajia kansa saattaa pitää jopa puolustajinaan sortavaa yläluokkaa tai epäoikeudenmukaista jeddakia vastaan. Huumekaupasta ja viinatislaamoista Burroughs ei puhu, vaikka jonkinlaisia juopumusjuomia toki Marsissakin latkitaan. Mitä sitten ilotaloihin tulee, orjuus on planeetalla kaikkialla läsnä ja naiset lähes ikinuoria, ikikauniita ja vielä varsin korkeassa iässä sukupuolisesti haluttavia, joten luulisi osan orjatarlaumoista päätyvän viihdyttämään rumempia äijiä maksua vastaan.

Seksuaalisuus ja erotiikka näyttelevät tärkeää roolia punaisten marsilaisten elämässä – tämä on selvää, vaikka Burroughs ajan tavan mukaan verhoaa sen jälkiviktoriaanisiin vakuutteluihin naisten siveydestä. Kun John Carter ensimmäisen kerran tapaa Dejah Thorisin, tämä on pukeutunut pelkästään muutamaan koruun. Itse asiassa jutellessaan tulevan miehensä kanssa Maan kulttuurista Dejah Thoris korostaa pitävänsä planeettamme asukkaiden tapaa sonnustautua vaatekappaleisiin ja *panna päähänsä kauheita laitteita* rumentavana, ellei peräti barbaarisena. Kirjasarjan myöhemmissä osissa tätä alastomuutta vähän lievennetään selittelemällä, että punaisten, kuten vihreidenkin, barsoomilaisten vaatetus koostuu korujen lisäksi nahkahihnoista. Sotaan menevillä miehillä on kaikesta päätellen päällään hyvinkin mutkikkaita hihnahaarniskoja, joihin aseet sun muut varusteet kiinnitetään.

Soturit voivat Barsoom-tarinoissa esiintyä antiikin veistoksista tutussa herooisessa alastomuudessa, ja romaanin *Marsin ritarit* alkusivuilla Burroughs oikein nautiskelee kylpyyn astuvan neitokaisen – John Carterin tyttären Taran – vartalon virheettömällä kauneudella. Taran suhde orjattareensa Uthiaan on sekin esitetty eroottisesti vihjailevalla tavalla, niin että joutuu kysymään, tekevätkö tytöt muutakin kuin pussailevat silloin kun lukijan silmä ei ole näkemässä.

Viittauksia miesten väliseen homoseksuaalisuuteen Burroughsilla ei esiinny, sitä vastoin *Marsin ritareissa* vilahtaa mahdollisuus sukupuolenvaihdokseen arkisena asiana. Romaani esittelee meille kaldanikansan – yliälykkäät irtopääolennot, jotka voivat valita karjana pitämiensä erillisten ruumiiden, rajkorien (tämä ruotsilta kalskahtava kirjoitusasu on suomentajan keksintöä, englanniksi termi on *rykor*), joukosta haluamansa – miehen tai naisen. Kaldanit ovat yksinään epäseksuaalisia ja tunteettomia älyolentoja, mutta Burroughs tekee selväksi, että rajkoriin kiinnittyneinä niillä on seksuaalisia haluja. Hänen romaanissaan tämä vain korostaa sitä, että kaldanit ovat vangitsemalleen neidolle *myös* seksuaalinen uhka, sen lisäksi että he aikovat lihottaa hänet ruuakseen.

Elokuvasovituksessa hihnat ja korut on korvattu runsaalla tatuointiraidoituksella sekä huomattavasti odotettua peittävämmillä bikinikokonaisuuksilla, jotka eivät ole ollenkaan uskollisia romaanin maailmalle. Ymmärrän toki, miksi elokuvan tekijät joutuivat alistumaan kompromissiin. Muutamaa korua vaille alastomat tytöt eivät Disney-konsernin tuottamassa filmissä kävisi päinsä (vaikka voisivathan ne "muutamat korut" olla strategisiin paikkoihin sijoitettuja kullanvärisiä levyjä kiinnipitoketjuineen ja jalokivikoristeineen). Mitä sitten nahkahihnoihin tulee, sitomis- ja nahkaporno on nykyään valtavirrassakin kyllin tunnettua antaakseen hihnavarustuksille vielä yksiselitteisemmän seksuaalisen latauksen kuin alastomuudelle.

Dejah Thorisista on elokuvassa tehty häikäisevän kaunottaren lisäksi tutkija ja oppinut. Tämä vaikuttaa ensivilkaisulla sellaiselta mukautumiselta nykykatsojan maailmankuvaan, joka ei oikein sovi *pulp*-viihteen sukupuolirooleihin, mutta löytyy sille sen verran perusteita, että alkuperäisessä tarinassa prinsessa päätyi Tharkin heimon vangiksi johtaessaan lentävää tutkimuslaivastoa.

Dejah Thorisin tieteellinen työ jää kuitenkin sellaiseksi pilottijakson ideaksi, jota Burroughs ei vaivaudu jatko-osissa juuri kehittelemään pitemmälle. Hän on sisäistänyt lajityypin säännöt niin jäännöksettömästi, että jää useinkin vikisemään niiden viedessä häntä. Siksi lupaavan emansipoituneena älykkönaisena aloittanut Dejah Thoris loksahtaa pelastettavan prinsessan valmiiseen loveen loppuosaksi koko romaanisarjaa. Pääsee prinsessa toki joskus esiintymään myös rohkean soturin kannustavana vaimona, ei vain ihanan kauniina puhuvana seksinukkena. Mikään piipittävä pissis hän ei kirjoissa koskaan ole.

Zodangasta on elokuvassa tehty liikkuva kaupunki, eräänlainen mammuttikokoinen ajoneuvo. Tämä lienee omaperäinen ratkaisu siihen Burroughsin ihailijakerhoa aina askarruttaneeseen epäjohdonmukaisuuteen, että *Marsin miekoissa* Zodanga on sijoitettu aika kauas *Marsin sankarissa* annetuista alkuperäisistä koordinaateista. John Flint Roy on teoksensa *A Guide to Barsoom* kartoissa ehdottanut, että kaupunki jälleenrakennettiin eri paikkaan

"Uudeksi Zodangaksi". Mikäpä siinä, vaikka kirjailijan huolimattomuudestahan tässä pohjimmiltaan on kyse.

Kaikilta osin elokuva ei eksy liian kauas kirjoista: John Carterin maailmaan oleellisesti kuuluvat ilma-alukset on nimittäin valkokankaalla toteutettu hyvin uskollisesti. Barsoomissa sotalaivojen roolin ovat merten kuivuessa ottaneet lentokoneet (alkutekstissä *flyers, flying machines* – siis ei *airplanes*), joiden rakenne vaikuttaa kansineen ja kansirakenteineen hyvin laivamaiselta. Samoin ilmataistelut käydään romantisoidun purjelaiva-aikakauden tyyliin täyslaidallisineen, entrauksineen ja kaappausjoukkoineen, jotka taistelevat miekoin aluksen puolustajia vastaan niin että kannella veri lentää.

Ihailijakerho on nähnyt Burroughsin ilmasotakuvaukset mielellään hyvinkin ennustuksellisina: hän kirjoitti ensimmäiset Marsseikkailunsa kauan ennen kuin ilmavoimista tuli missään päin maailmaa merkittävä aselaji. Ei kuitenkaan pidä liioitella kirjailijan profeetankykyjä: hän ei esimerkiksi osannut aavistaa sitä, että ilmaa raskaammat lentokoneet eli "aeroplaanit" nousisivat hallitsevaan asemaan. Sen sijaan hän oletti, että lentoliikenteen suuri kehityslinja olisivat vastakin ilmaa kevyemmät "aerostaatit" (ilmapallot ja ilmalaivat), jotka hänen lapsuudessaan ja nuoruudessaan olivat vakiintunutta ja vakavastiotettavaa tekniikkaa.

Meidän planeetallamme aerostaatteja kellutetaan kaasulla: kuumailmalla, vedyllä tai heliumilla; ja siinä ne vaihtoehdot sitten taitavat ollakin. Burroughsin Barsoomissa taas käytetään "kahdeksatta sädettä", erityistä valoa, jolla on ilmassa kelluttavia ominaisuuksia. Koko ajatus kahdeksannesta säteestä perustuu virheelliseen käsitykseen valon ja värin luonteesta. Burroughsin mielestä valo koostuu seitsemästä erillisestä, diskreetistä "värisäteestä" (punainen, oranssi, keltainen, vihreä, sininen, sinivioletti ja violetti), ja hänen mukaansa Marsin valoon kuuluu kaksi muuta värisädettä, kahdeksas ja yhdeksäs säde, joilla on oma värinsä – näitä kauniita värejä on hänen mukaansa mahdotonta selittää sille, joka ei ole niitä nähnyt.

Nykyään populaaritiedettä lukeva lapsikin tietää, että väri ei niinkään ole *valon* ominaisuus kuin *aivojen* tapa merkitä ja osoitelaputtaa näkyvän valon aallonpituusalueet, eivätkä värien rajat liioin ole kaikille samoja: onhan joukossamme melko paljon ihmisiä, jotka eivät kunnolla erota punaista vihreästä. Meidänkin valollamme on Burroughsin ajattelemassa mielessä "kahdeksas ja yhdeksäs säde", nimittäin ultravioletti ja infrapunainen, mutta koska silmämme eivät ole näille aallonpituusalueille herkkiä, aivomme eivät ole kehittäneet omia värejä niille. Siksi John Carter ei todellisuudessa olisi kyennyt näkemään Barsoomin spektrin kahdeksatta ja yhdeksättä väriä. Tosin Barsoomissa osataan lukea ajatuksia, joten kaipa hän olisi ystäviensä mieliä tutkimalla kyennyt muodostamaan itselleen jonkinlaisen käsityksen siitä, miltä nuo värit näyttävät syntyperäisen barsoomilaisen silmin.

Burroughs kehitteli alun perin vaikuttavan näköisen kvasitieteellisen selityksen sille, miten kahdeksas säde pitää marsilaiset lentokoneet ilmassa. Myöhemmissä kertomuksissaan hän kuitenkin kuvasi sädettä kaasun kaltaisena kelluntasäiliöihin suljettavana materiaalina, joka voi vuotaa tankeista harakoille niin että lentoalus hiljalleen vaipuu keskelle kuivunutta merenpohjaa ja jättää matkalaiset vihreiden soturien armoille. Kirjailija siis ajatteli tässä aivan samalla tavoin kuin sadun hölmöläiset, jotka koettivat kantaa säkillä päivänvaloa tupaan.

Vaikka kahdeksannen säteen hyväksyisikin tieteis- ja fantasiakirjallisuuden luonteeseen kuuluvana leikisti tieteellisenä käsitteenä, Burroughsin ilmeinen kykenemättömyys erottaa materiaa ja säteilyä toisistaan ansaitsee ainakin epäuskoisen päänpudistuksen. Koiranleuka voisi toki venkoilla, että tapansa mukaan aikaansa edellä oleva kirjailijanero siinä vain keksii etukäteen kvanttifysiikan aalto-hiukkasdualismin, mutta tuskinpa sen oikea oivaltaja Louis de Broglie ihan tätä tarkoitti.

Koska Barsoomin mahtavat lentolaivastot toimivat ennen kaikkea keinona tuoda kuivuvalle ja valtamerensä menettäneelle planeetalle vanhan hyvän ajan meriseikkailujen henkeä, romaanien maailmassa esiintyy sekä laivakapinoita että lentäviä merirosvoja. Jälkimmäiset ovat oma rotunsa, mustat marsilaiset. Ihonväri tietysti viittaa afrikkalaisiin. Mahdollisesti Burroughsin mielessä olivat esikuvina Pohjois-Afrikan islamilaiset, toki Barsoomin pikimustia miehiä huomattavasti vaaleaihoisemmat barbareskimerirosvot, jotka Yhdysvaltain laivasto oli nujertanut 1800-luvun alkupuolella ensimmäisenä merkittävänä ulkomaanoperaationaan.

Mustat rosvot ovat rodustaan ylpeitä ja kutsuvat itseään "ensiksi syntyneiksi": heillä on oma alkuperämyyttinsä, jonka mukaan he itse ovat ainoita oikeita ihmisiä, kun taas Barsoomin kaikki muut ihmisrodut ovat syntyneet rappeutuneiden mustien sekoittuessa apinoihin. Kuten toinen ihonvärillään rehvasteleva joukko, vaaleaihoiset "pyhät" thernit, he ovat Burroughsin Marsissa sankarin vihollisia. Sekä mustat marsilaiset että thernit liittyvät läheisesti tarinaan John Carterin noususta barsoomilaisten uskontoa vastaan – uskontoa, jonka vartijoiksi thernit ovat itsensä nimittäneet. Tämä juonikaari käsittää kaksi romaania, sarjan toisen ja kolmannen, nimiltään *Marsin jumalat* ja *Marsin sotavaltias*.

Barsoomilaiset elävät tuhannen vuoden ikäisiksi, elleivät – kuten planeetan sotaisissa ja niukkaresurssisissa oloissa yleensä käy – saa surmaansa sodassa, kertoo John Carter. Kirjoista ei kuitenkaan oikein yksiselitteisesti selviä, eläisivätkö he ikuisesti, jollei tapa vaatisi, että heidän on tuon iän lähestyessä – tai miksei aiemminkin, jos siltä tuntuu – lähdettävä viimeiselle pyhiinvaellukselleen Iss-jokea myöten kohti myyttistä Dorin laaksoa, maan- tai pikemminkin *marsin*päällistä paratiisia. Kun John Carter palaa Barsoomiin *Marsin jumalten* alussa, kohtalo heittää hänet Dorin laaksoon, joka osoittautuu pikemminkin helvetiksi.

Laaksoa hallitsevat thernit joko syöttävät pyhiinvaeltajat laaksoa asuttaville hirviöille, kuten verta imeville kasvi-ihmisille, tai sitten alistavat heidät orjiksen. Koska thernit pitävät kaikkia muita rotuja alempiarvoisina, he myös syövät punaisten tai vihreiden ihmisten lihaa. Jotta petos ei paljastuisi, kaikki Dorin laaksosta paenneet teloitetaan pyhäinhäpäisijöinä. Thernien temppeliverkostolla on pappinsa ja vakoojansa kaikkialla Barsoomissa, ja he pitävät huolen siitä, että karkulaiset eivät levittele totuuttaan vapaasti.

Tarina thernien kukistamisesta on Edgar Rice Burroughsin tuotannon mahtavin järjestäytyneeseen uskontoon suunnattu täyslaidallinen. Se, että kristillinenkin kirkko on arvostelun kohteena, tulee selväksi nimestä *Issus*, joka tarkoittaa thernien uskonnon salaperäistä jumalolentoa tai messiasta.

Itse asiassa Issus on ikivanha, julma eukko, joka kuuluu mustien marsilaisten, thernien verivihollisten, rotuun; ja sama väki piileskelee thernien tietämättä Issuksen temppelin kaikkein pyhimmässä. Elämän ja kuoleman herroina itseään pitävät thernit, jotka orjuuttavat, surmaavat ja syövät alempina pitämiään kansoja, vartioivat mustasukkaisina Issuksen temppelin sisäänpääsyä – mutta kun he kerran astuvat temppelin sisään, siellä heitä odottaa mustien rosvojen pilkkanauru ja sama orjuus ja kurjuus, jolla he ovat piinanneet omia uhrejaan.

Tästä karman laista karmiva esimerkki on thernien prinsessa Phaidorin kohtalo. Phaidor rakastuu John Carteriin, kuten Marsin kauneimmilla naisilla on tapana tehdä, ja maanittelee häntä miehekseen luvaten sankarille onnellisen elämän ihmislihapatojen ääressä. Pian tämän jälkeen Phaidor kuitenkin joutuu mustien rosvojen vangiksi ja mustan Issuksen henkilökohtaiseksi orjaksi: aikansa sellaisena palveltuaan hänen on määrä päätyä päivän erikoiseksi ruman jumalattaren ruokapöytään. Phaidor tosin pelastuu, mutta ymmärtää alistaneensa omia orjiaan yhtä julmasti kuin Issus konsanaan ja tekee itsemurhan todettuaan syntinsä liian raskaiksi kantaa.

Tarinan lopuksi mustien rosvojen kuninkaaksi nousee John Carterin liittolainen, Issuksen alkujaan kuolemaan tuomitsema Xodar, ja mustille marsilaisille avautuu näin jonkinlainen mahdollisuus päästä kunnon ihmisten kirjoihin. Thernitkin saavat uuden hallituksen, ja merkittävä osa heistä lähtee maailmalle ansaitsemaan elantonsa rehellisessä barsoomilaisessa palkkasoturin ammatissa.

Thernien uskonto on Barsoomin levinnein, mutta myös paikallisia kultteja esiintyy, ainakin yksi: Phundhalin Tur-uskonto – englanninkielisissä alkuteksteissä kirjoitetaan *Phundahl,* mutta suomennoksissa käytetty muoto *Phundhal* täytynee hyväksyä osana täkäläistä tulkintaperinnettä. (On mahdollista, että *Phundha*lin nimi viittaa *funda*mentalismiin, joka oli sanana olemassa jo kirjan ilmestyessä vuonna 1927; kristillisen suuntauksen nimenä se tulee alun perin vuosina 1910-1915 ilmestyneestä vanhoillisprotestanttisten ohjelmateosten sarjasta *The Fundamentals.*) Phundhalin kaupunkivaltio toimii arkkityyppisenä vastakohtana naapurimaalleen

Toonolille, jolle taas on luonteenomaista liioiteltu rationalismi ja tieteen palvonta, tai niin ainakin Burroughs väittää.

Itse asiassa hänen toonolilaisensa vaikuttavat pikemminkin kyynisiltä kohtaloonalistujilta kuin varsinaisilta rationalisteilta; he ovat myös älyllistäneet yleisbarsoomilaisen sodanpalvonnan filosofiaksi asti. Meidän kaikkien on kerran kuoltava, sanoo toonolilainen – kuolkaamme siis sotakentällä jännittävässä pelissä ja jättäkäämme paikkamme seuraaville sukupolville. Haipuvien luonnonvarojen Barsoomissa tämä maailmankatsomus tuntuu kieltämättä hyvinkin mielekkäältä, eritoten kun muistamme, että tyypillinen marsilainen jää järsimään planeettansa resursseja vuosisadoiksi, ellei saa miekasta.

Tur-uskonto irvailee taas kerran kristinuskolle, jos kohta se tuntuu saaneen vaikutteita myös muista uskonnoista. Jumalan nimi on ehkä lainattu skandinaavien Thorilta. Turin temppeli on täynnä erilaisia jumalankuvia, mutta ilmeisesti kaikki edustavat samaa jumalaa – onkohan tämä Burroughsin käsitys hindulaisuudesta? Temppelissä toistellaan myös merkityksettömiä tavuja, mikä muistuttaa ns. kielillä puhumista. Hurskas uskovainen ei saa kysellä seremonioiden eikä jumalankuvien tarkan teologisen merkityksen perään, koska sellainen kielisi uskon puutteesta. Tärkeintä on toistella uskonnon syvintä mysteeriä eli sitä, että *Tur on Tur, Tur on Tur, Tur on Tur.* Luonnollisesti temppelit keräävät kävijöiltä sievoiset kultarahamäärät kolehtina papiston rilluttelukassaan, mikä ei jää Maasta saapuneelta vieraalta huomaamatta – tällä kertaa vieras tosin ei ole John Carter, vaan Ulysses Paxton, ensimmäisen maailmansodan taisteluhaudasta Barsoomiin samalla maagisella tavalla siirtynyt mosuri.

Tur-kultin useimmat piirteet ovat toki aika helppoja kliseitä: koko uskonto on lähinnä pilakuva- tai operettifundamentalismia. Uskonnolla on tietysti pyhä kirja, Turgan (nimi viittaa sekä Turiin että mahdollisesti Koraaniin), jota ei saa millään tavalla kyseenalaistaa. Koska Turganissa lukee, että maa, tai tässä tapauksessa Mars, on litteä, päinvastaista tietoa antavat tekniset laitteet, kuten lentokoneet – jollaisella olisi mahdollista kiertää planeetan ympäri ja todeta se pallonmuotoiseksi – ovat kiellettyjä. Seksuaalisuuteenkin suhtaudutaan kaksinaismoralistisesti: yhdynnän ja hedelmöityksen yhteys lisääntymiseen kiistetään, lapset ovat vain Turin jatkuvan luomistyön hedelmiä. Koska Barsoomin naiset munivat munia ja koska niistä kuoriutuvat lapset ovat jo kävelykykyisiä ja lähes aikuisia, tämä on omalla tavallaan uskottavakin ajatus: kuoriuduttuaan lapsi vain ilmaantuu hautomalaitoksesta ihmisten ilmoille, jolloin kaikki voivat ylistää Turia ja todeta ikuisen ihmeidentekijän siunanneen uskoviensa seurakuntaa uudella jäsenellä.

Siinä missä John Carterin sota thernien uskontoa vastaan oli suuri eeppinen tarina, Ulysses Paxtonin Phundhalin-seikkailu on aika tavallinen prinsessanpelastuskeikka, jos kohta siinä on melkoisia tieteiskirjallisia elementtejä. Romaanin nimi on *Marsin nero*, ja kyseinen nero on Ras Thavas, joka on rakentanut itselleen oman pienen valtakunnan Toonolin soilla sijaitsevalle Morbuksen saarelle ~ siinä taas yksi Maan klassisista kielistä nyysitty barsoomilainen paikannimi. Hänen henkilöhahmossaan on paljon kliseistä hullua tiedemiestä, vaikka hän onkin ennen muuta asialleen omistautunut tutkija, joka on valmis uhraamaan kenet tahansa muun voidakseen jatkaa omaa elämäänsä ja tieteellistä työtään. Toonolilaisena hän on tietenkin omahyväisyyteen asti rationalisti, tai sellaisen pilakuva.

Ras Thavasin bravuurinumero tiedemiehenä on aivojen siirtäminen kallosta toiseen. Tällä operaatiolla hän ansaitsee isot rahat, sillä on selvää, että vanhat porhot ~ miehet ja naiset ~ haluavat vaihtaa päälleen nuoremman ja nätimmän kropan. Tämä on sen verran mielenkiintoinen ja mahdollisuuksia avaava idea, että ihan ihmettelen, miten vähän sitä on tieteiskirjallisuudessa hyödynnetty ~ tai sitten olen vain lukenut vääriä kirjoja. Hieman samansuuntainen ajatus esiintyy kyllä Lois McMaster Bujoldin romaaneissa Miles Vorkosiganista. Niissä valtiotonta Jacksonin rosvokapitalistiplaneettaa hallitsevat gangsterisyndikaatit myyvät porhoille nuorennuspalveluita, joissa asiakkaan omista soluista kasvatetaan nuori klooni vaihtokehoksi ~ näinpähän ainakin vältetään hylkimisreaktiot. Kloonin omat aivot siinä prosessissa tietysti joudutaan hävittämään.

Ras Thavasin aivonvaihtoyritys taas hyödyntää orjia ja sotavankeja, joita hänen firmansa hankkii bulkkitavarana. Nuoria neitoja saa orjamarkkinoilta yllin kyllin, ja eräs Marsin neron sisään ostama kohde on nimeltään Valla Dia, alkujaan Duhorin prinsessa. Tämän kaunottaren kehon tiedemies myy hyvään hintaan Phundhalin vanhalle, tyrannimaiselle kuningattarelle – marsilaisittain *jeddara*lle – Xaxalle, mutta Ras Thavasin apulaiseksi päätynyt Paxton, joka on nerolta saanut marsilaisen nimen Vad Varo, päättää palauttaa tytön aivot takaisin alkuperäiseen ruumiiseen ja mennä tämän kanssa sitten naimisiin.

Vad Varo on ainoa ihminen Barsoomissa, jolle Ras Thavas uskaltaa opettaa aivojensiirtomenetelmänsä, koska Maan asukkaana hän on Barsoomin omien kaunojen ulkopuolella. Tiedemies on romaanin alussa jo vanha ja lähellä barsoomilaisen täyttä ikää eli tuhatta vuotta, mutta haluaa tietysti pidentää elämäänsä samalla tavalla kuin asiakkaidensa eli vaihtamalla kehoa. Tätä varten hän tarvitsee luotettavan assistentin – Vad Varon, joka on hänelle kiitollisuudenvelassa sekä henkensä pelastamisesta että Marsin kielen ja tapojen oppimisesta. Hintana tästä toimenpiteestä Vad Varo painostaa kuitenkin Ras Thavasia moraalisempaan toimintaan tiedemiehenä.

Ras Thavas on tietysti tunteettomana ja kunnianhimoisena tutkijana kokeillut myös aivojen osittaista siirtoa. Yksi hänen kiinnostavimmista kokeistaan on valkoinen apina – yksi planeetan pelätyimmistä pedoista – jonka päähän hän on asentanut dominoivan osan ihmisen aivoja. Apina kykenee kommunikoimaan sekä ihmisten että toisten apinoiden kanssa, mutta on ilmeisesti pitkälti säilyttänyt kokeeseen osallistuneen ihmisen henkilöllisyyden. Vad Varo värvää apinan avukseen prinsessanpelastusretkelle, mistä palkkioksi hän palauttaa apinalle sen yhdistelmäaivojen ihmispuolikkaalle kuuluneen kehon. Hän ei kuitenkaan yritä koota alkuperäisiä ihmisaivoja uudestaan, vaan jättää toverinsa seka-aivot ennalleen, koska tarvitsee vielä tämän kykyä puhua apinoille.

Muistan pikkupoikana pohtineeni kovasti tämän apinaihmisen identiteettiä: eikö alkuperäisellä ihmisellä olisi ollut jonkinlainen periaatteellinen oikeus saada aivonsa ja persoonallisuutensa kokonaisuudessaan takaisin. Vai oliko kenties aivojen osia yhdistelemällä syntyneellä uudella apinaihmissielulla vankemmat perusteet jäädä kokonaiseksi? Onneksi on epätodennäköistä, että ainakaan meidän aikanamme joutuisimme pohtimaan tällaisia eettisiä kysymyksiä ~ kahden elävän olennon aivojen kytkeminen yhdeksi uudeksi kokonaisuudeksi ei taitaisi onnistua pelkällä leikkuulääkärin veitsellä. Burroughsille tämä aivonsiirtoidea oli tietysti ennen kaikkea juonen moottori, jonka varjolla hän saattoi viihdyttää lukijaa vauhdikkaalla tarinalla; joku muu olisi luonut samasta aiheesta huomattavasti hurjempaa tavaraa.

John Carter -sarja siirtyy huomattavasti synkempiin tunnelmiin kirjassa *Marsin urho*. Vaikka siitä näkyy paikoin viimeistelyn ja toimitustyön puute häiritsevästikin ~ jopa siinä määrin, että juoni tuntuu katkeilevan ~ se on ilmapiirinsä vuoksi kiinnostava ja omintakeinen osa Barsoom-sarjaa.

Päähenkilö ja kertojaminä Tan Hadron (nimen jälkiosa kuulostaa alkeishiukkasfysiikan terminologiasta vohkitulta) ei ole mikään prinssi eikä hoviherra, vaan Heliumin armeijan riviupseeri Hastorista, valtakunnan matalaprofiilisesta provinssikaupungista. Hänen sammakkoperspektiivistään John Carterin uusi kotimaa näyttää huomattavasti vähemmän jalolta kuin prinssin hovinäkökulmasta: Heliumissa on niin yhteiskunnallisia ristiriitoja kuin pikkumaisen nilkkimäisiä juonittelujakin. Tan Hadron on näet köyhä aatelinen, jota rikkaat mutta alhaissyntyiset nousukkaat pompottavat ja nöyryyttävät, ja tarinan alussa hänet yritetään lavastaa kidnappaajaksikin.

Kirjan juonta liikuttaa tietysti taas kerran romanssi. Tan Hadronin ihastus, jolla on suomalaiseen suuhun niinkin sopiva nimi kuin Sanoma Tora, osoittautuu tosin omahyväiseksi pissaliisaksi, joka torjuu sankarimme kosinnan. Silti Tan Hadron lähtee pelastamaan tyttöä, kun hänet ryöstetään ~ osittain oman maineensa puhdistaakseen.

Hastorin urho Tan Hadron ehtii tarinan aikana kokea monenlaisia kohtaloita, mutta mieleenjäävimpiä on hänen seikkailunsa Ghastassa (nimi viittaa luultavasti englannin sanaan *ghastly*), pienessä marsilaiskaupungissa, jota hallitsee hullu, sadistinen diktaattori, jed Ghron. Julmassa Barsoomissa kuolemanrangaistukset ja kidutukset ovat tietysti melko arkipäiväinen ilmiö, mutta Ghron, joka huvittelee paistamalla ihmisiä elävältä tai katsomalla raajarikoiksi ruhjottujen tanssia, on siinäkin kirjasarjassa poikkeuksellisen kammottava hahmo.

En yritä väittää pikkupoikana nähneeni painajaisia Ghastasta, mutta sekä Ghronin havainnollisesti esitetyt hirmuteot että vangiksi joutuneelle Tan Hadronille esitetty valinta ~ joko hänet itsensä kidutettaisiin kuoliaaksi tai hän joutuisi toimimaan samanlaisten raakuuksien toimeenpanijana ~ mietityttivät minua pitempään kuin viihdekirjan pitäisikään. Itse asiassa Ghastan julmuuskuvaukset saattaisivat olla 1900-luvun suurten totalitarismien inspiroimia, ellei kirja olisi ilmestynyt jo vuonna 1931 ~ ennen natsien valtaannousua ja Stalinin suuria puhdistuksia.

Toinen *Marsin urhon* hullu diktaattori on Tul Axtar, Jaharin kaupunkivaltion jeddak. Hän haaveilee maailmanvallasta ja koko Barsoomin alistamisesta ja on siinä tarkoituksessa jo vuosisatoja sitten aloittanut päättömän väestönkasvatuspolitiikan kieltämällä avioliiton (tämän Burroughs sanoo suoraan), eli siis kannustamalla alaluokkaa hallitsemattomaan sukupuolielämään (tämä taas on pääteltävä asiayhteydestä). Tästäkin tulee mieleen yhtä ja toista suuriin totalitarismeihin liittyvää.

Käytännön seuraus Tul Axtarin suurvaltahaaveesta on, että Jaharin yhteiskuntarauha ja sivilisaatio on pitkälti romahtanut ja kannibalismi rehottaa: maaseudulla vaeltavat epätoivoiset ihmissyöjälaumat, joiden kanssa sankari joutuu taistelemaan ollakseen joutumatta lihapataan. Idea vaikuttaa jopa Burroughsin maailmassa groteskilta ja epäuskottavalta, mutta toisaalta: kuinka uskottavalta vaikuttaisi ajatus helppoa nationalistis-rasistista propagandaa syytävästä naapurimaan kansalaisesta, joka nousee suuren sivistysmaan diktaattoriksi ja tapattaa miljoonia ihmisiä varta vasten rakennetuissa kaasukammioissa pelkästään heidän etnisen taustansa vuoksi? Kirjallisuusarvostelijat epäilemättä tuomitsisivat tällaisen hahmon yliampuvaksi pilakuvakonnaksi, ellei hän olisi todellinen lähihistorian henkilö.

*Marsin urho*ssa esiintyy myös hullu tiedemies, Phor Tak, joka kehittelee Tul Axtarille ihmeaseita tulevaa valloitussotaa varten. Yksi niistä on tuhoamissäde, jota Tan Hadron pääsee käytännössä kokeilemaan, muttei pidä siitä: nähdessään vihollislentoaluksen murenevan olemattomiin ja sen miehistön putoavan avuttomana tyhjyyteen hän päätyy toteamaan, että tällaisen ylivoimaisen aseen käyttö ei ole sotaa, vaan murhaa. Aitona barsoomilaisena hän arvostaa enemmän reilua miekkaottelua soturi soturia vastaan.

Kuten Barsoom-kirjoissa yleensäkin, myös *Marsin urho*ssa sankari saa lopulta tyttönsä – mutta ei suinkaan Sanoma Toraa, ehei. Matkan varrelta Tan Hadronin hihnahaarniskaan tarttuu nimittäin orjatar Tavia, joka on kaikkea sitä mitä Sanoma Tora ei ole: reipas, hauska ja pärjäävä poikatyttö, joka osaa puolustautua miekallakin. Tan Hadron on naisasioissa yhtä liikuttavan kömpelö kuin useimmat muutkin barsoomilaiset soturit, mutta valkeneehan se lopulta hänellekin, että Tavia, joka seuraa häntä läpi kaikkien vaarojen, on paljon lupaavampaa vaimoainesta kuin toraisa ja hemmoteltu pissis.

Romaani päättyykin siihen kaikkien miesten kannalta kadehdittavaan tilanteeseen, että Sanoma Tora koettaa urhon ansiokkuuden oivallettuaan vuorostaan kosia Tan Hadronia, mutta tulee torjutuksi, koska sankari on jo löytänyt kelvokkaamman tytön. Pieni kauneusvirhe on kyllä se, että Tavia osoittautuu prinsessaksi, ikään kuin Tan Hadronin kaltaiselle köyhälle aatelismiehelle ei vähempi riittäisi. Tjanath, josta Tavia on kotoisin, on tosin poliittisesti epävakaa ja rakennuskannaltaankin ränsistynyt yhden jedin tuppukylä, jota ei mainita muissa sarjan teoksissa, mutta kuitenkin...

Marsin urho on kokonaisuutena epätasainen teos, mutta osoittaa Burroughsin osanneen irrottautua lajityypin latteuksista ja yllättää lukijansa. Tan Hadron on huomattavasti inhimillisempi, elävämpi ja samastumiskelpoisempi hahmo kuin John Carterin kaltainen supersankari, ja romanssipuolellakin tapahtuu odottamaton käänne, kun Tavia ilmaantuu kuvioihin sivuuttamaan Sanoma Toran. Yleensä lemmenpari tiedetään Burroughsin tarinoissa jo alkupuolella, rakastavaisten tie täyttymykseen vain on kovin ohdakkeinen ja mutkikas.

Sellaisia valmiiksi paritettuja rakastavaisia ovat John Carterin ja Dejah Thorisin lisäksi Carthoris ja Thuvia romaanissa *Marsin neito* sekä Gahan ja Tara *Marsin ritareissa*. Barsoomin punaihoiset kansat eivät yleensä harrasta sukupolvelta toiselle periytyviä nimiä – yksi poikkeus ovat Tardos Mors ja Mors Kajak, Dejah Thorisin jeddak-isoisä ja jed-isä – mutta Carthoris on perinyt nimensä vanhemmiltaan John Carterilta ja Dejah Thorisilta, Thuvia taas isältään Thuvan Dihniltä, Ptarthin jeddakilta, joka on Carterin vanhimpia ja vankimpia liittolaisia.

Marsin neito on sarjan osista neljänneksi ilmestynyt, siis heti Marsin jumalat/Marsin sotavaltias -dilogian jälkeen. Sen sankaritar Thuvia on ehtinyt kokea kovia viruttuaan puolitoista vuosikymmentä thernien tyrmissä, mutta koska barsoomilaiset naiset pysyvät nuorina ja kauniina jonnekin yhdeksänsadan ikävuoden hujakoille, hän on edelleen haluttava partneri Carthorikselle, John Carterin pojalle, vaikka tämä on syntynyt ja kasvanut Thuvian vankeusvuosien aikana. Koska John Carter mainitsee Thuvian olleen thernien leluna ja orjana, hänellä ei taida olla neitsyyskään tallella, kuten Barsoom-harrastajat ovat kärkkäitä huomauttamaan, ainakin ne, jotka ovat säilyttäneet sisäisen teinipoikansa.

Thuviakaan ei asetu täysin pelastettavan prinsessan valmisrooliin. Jo Marsin jumalissa on osoittautunut, että hänellä on erityisiä kykyjä: hän saa pelkästään lirkuttelulla ja kujerruksella banthit, Barsoomin leijonamaiset suurpedot, alistumaan tahtoonsa. Koska vankien ja orjien syöttäminen bantheille on Barsoomissa julmuriuden latteimpia ja helpoimpia ilmenemismuotoja, tämä kyky tulee Thuvialle tarpeeseen useammin kuin kerran. Marsin neidossa hän taas osoittaa kykenevänsä ajattelemaan kuten aito hallitsijahuoneen tytär, valtioviisaasti ja asettaen isänmaansa edun henkilökohtaisten tunteidensa edelle. Hänen ryöstäjänsä esittävät olevansa Carthoriksen asialla, ja tämä saa Thuvian huolestumaan suurpoliittisista suhteista ja suutahtamaan mielessään Carthorikselle moisesta uhkarohkeasta tempusta. Taustalla on kolmiodraama: Thuvia on jo kihloissa Kaolin jeddakin, Kulan Tithin, kanssa, joka on Thuvian isän vanha ystävä ja liittolainen.

Thuvan Dihn ja Kulan Tith esitellään lukijoille ensimmäisen kerran Marsin sotavaltiaassa, jossa John Carter joutuu Kaolissa vangiksi. Nimien samankaltaisuus panee epäilemään, että Burroughs keksi ne samanaikaisesti, tuotteliaan kirjailijan kiireessä. Kulan Tith on yhä thernien uskonnon kannattaja ja aikoo teloittaa Carterin, mutta Thuvan Dihn, joka saa kiittää vankia tyttärensä pelastamisesta, sattuu olemaan hovin vieraana ja saa lopulta vanhan ystävänsä vakuuttumaan siitä, että John Carter on urhea ja kunniallinen soturi. Tämä on taas yksi esimerkki siitä, kuinka sankari saa rohkeudellaan ja vilpittömyydellään monen vihollisenkin pään kääntymään.

Itse asiassa samasta syystä John Carter on vähän aiemmin onnistunut soluttautumaan Kaoliin: matkalla kaupunkiin hän nimittäin törmää maantietä vartioivaan upseeriin, Torkar Bariin, joka sattuu olemaan thernien uskonnon kyseenalaistava vapaa-ajattelija. Hän myös ihailee Carteria Barsoomin mahtavimpana soturina ja luottaa sankarin sanaan: siksi hän päästää tunkeilijan jatkamaan matkaansa vaadittuaan tältä lupauksen, ettei hän uhkaa Kaolin jeddakin henkeä.

Yksi tapa määritellä tieteiskirjallisuus käsitteenä on kutsua sitä *ideoiden kirjallisuudeksi*. Barsoom-romaanit kohottaa helppoa romanssia korkeammalle juuri se, että niissä yleensä on jokin omaperäinen idea, ja *Marsin neidossa* se on Lotharin aavekaupunki. Paikannimen keksimiseen Burroughs ei taaskaan ole paljoa vaivaa haaskannut, mutta kaupungin tunnelma on kuin suoraan meksikolaisesta taideromaanista – ensimmäinen mieleen tuleva vertailukohta on näet Comalan kylä Juan Rulfon suomeksikin käännetyssä mestariteoksessa *Pedro Páramo*.

Lotharin väestö on yksi orovarien muinaisen sivilisaation viimeisistä jäänteistä – tosin ei ole selvää, ovatko he eläviä ihmisiä vai aaveita. He ovat nimittäin saavuttaneet sellaiset henkiset kyvyt, että pystyvät esimerkiksi elämään syömällä ruokaa, jonka ovat kuvitelleet olevaksi – itse asiassa lotharilaisten keskinäisissä poliittisissa ristiriidoissa on kyse esimerkiksi siitä, onko sopivaa elää pelkällä pyhällä hengellä vai pitääkö esimerkiksi jatkaa ruoan syömistä, vaikka ruoka sitten olisi vain lotharilaisen oman mahtavan sielun kehittämä illuusio. Vihreät heimot hyökkäilevät välillä Lothariin, mutta heidät torjutaan kuvittelemalla kaupunkia puolustamaan jousimiesten armeija, jonka illuusionuolet surmaavat uhrinsa oikeasti.

Lotharissa on mahdotonta olla varma siitä, mikä on totta ja mikä mielikuvitusta. Sankari Carthoris tapaakin Lotharissa Kar Komakin, kuolleista heränneen jousiampujan. Aavekaupungin jeddak on kuvitellut tämän Lotharin suuruudenaikojen sankarin oman jousimiesrykmenttinsä johtajaksi liian monta kertaa, ja lopulta Kar Komak on jäänyt todellisuuteen kiinni. Aitona lotharilaisena hän kykenee itsekin luomaan mielikuvituksensa voimin jousiampujia puolustuksekseen, joten hän on sankarille arvokas aisapari ja taistelukumppani.

Marsin ritareissa alkutilanne on samantapainen kuin *Marsin neidossa*: siinä sankaritar on Tara, Carthoriksen pikkusisko ja John Carterin tytär, joka ~ kuten isänsäkin ~ lähtee mielellään yksin lentoretkille asioitaan miettimään ja maisemia katselemaan. Tällä kertaa hän kuitenkin päätyy tuulen puhaltamana planeetan kartoittamattomaan osaan ja kaldanien vangiksi.

Kirjallisesti kiinnostava on jakso, jossa Tara piileskellessään kaldaneita puhuu itsekseen Thurialle, toiselle Barsoomin kahdesta kuusta ~ ilmeisesti Burroughsin mielessä on ollut Phobos, Deimoksen nimi hänen Marsissaan taas on Cluros. Jaksosta näet ilmenee, että Burroughs ehti kiireessäänkin pohtia, millaista mytologiaa ja kansanperinnettä kaksikuisen planeetan asukkaat voisivat kehitellä taivaankappaleittensa liikkeistä. Tällaiset miljöötä ja ilmapiiriä syventävät elementit nostavat Barsoom-sarjan romaanit latteimpien toimintatarinoiden yläpuolelle ja ~ tohdinko sanoakaan ~ kohti korkeakirjallisuutta.

Kaldanit tosiaan ovat lyhyillä hämähäkinraajoilla varustettuja irtopäitä ja ratsastavat päättömillä ruumiilla, joiden hermostoon kykenevät kytkeytymään. Niiden sosiaalinen järjestys muistuttaa lähinnä muurahaisia tai mehiläisiä, koska ne jakautuvat pesiin, joita johtaa eräänlainen kuningatarkaldani. Loput pesän asukkaista ovat kuningatarkaldanin munista kuoriutuneita työläisiä.

Kuten Midianin kiihkouskovaiset Tarzanin seikkailuissa, myös kaldanit on luotu satiirisessa tarkoituksessa: niiden älykkyys on itseriittoisen intellektualismin irvikuva. Niiden haaveena on päästä pois maan pinnalta, aistittomiksi ja raajattomiksi olennoiksi, ja keskittyä ajattelemaan omiaan, mutta ei ole selvää, mitä ne siellä pesissään sitten oikein tuumisivat. Ne eivät periaatteessa ole yksilöitä eivätkä persoonallisuuksia, vaan niiden kaikkien, tai ainakin saman pesän asukkaiden, saman kuningatarkaldanin munista kuoriutuneiden, mieltymykset ovat samanlaiset. Esimerkiksi tiedettä, filosofiaa tai insinööritaitoa niillä ei ole, vaan ne harjoittavat lähinnä omavaraisviljelyä ja karjankasvatusta – rajkorit ovat niiden karjaa, sekä kuormajuhtia että ravintoa.

Burroughs, jonka maanläheisenä elämänfilosofiana toimi kultainen keskitie suunnilleen joka asiassa, haluaakin kertoa meille, että jonkinlainen tunne-elämä on välttämätön älyllisten kykyjen mielekkääksi hyödyntämiseksi. On kuvaavaa, että kun Tara joutuu kaldanien kynsiin, he päättävät lihottaa hänet ruuakseen sen sijaan että esimerkiksi kuulustelisivat tätä älykästä ja aloitekykyistä tyttöä siitä, mitä hän tietää punaisten marsilaisten tieteestä ja tekniikasta. Kaldanit katsovat olevansa kaikkia muita älykkäämpiä eikä heitä siksi kiinnosta kartuttaa tietojaan oman alkeellisen sivilisaationsa ulkopuolisesta maailmasta. Heidän lahjakkuutensa jää uteliaisuuden puutteessa kesannolle.

Tara saa pelastajakseen miehen, joka sanoo olevansa Turan ja ammatiltaan *panthan* eli palkkasoturi. Lukija joutuu kyllä ihmettelemään, montako kertaa tuokin vanha temppu menee läpi, sillä kyseessä on taas kuninkaallinen mahtimies, joka esittää panthania. Hän on Gatholin kaukaisen, romantisoidunkin kaupunkivaltion hallitsija, jed Gahan (Gatholissa ei ilmeisesti ole hallittavaa jeddakille asti), joka kirjan alussa tapaa Taran Heliumin kuninkaallisissa tanssiaisissa ja kokee sitten pyytää tytön kättä saamatta kuitenkaan pikkusormeakaan. Syynä tähän on Gahanin ja hänen maanmiestensä tapa tulla juhliin timantteihin ja platinaan sonnustautuneina, mitä Tara pitää epämiehekkäänä; kaipa lukijan sitten pitää uskoa, että miestä on vaikea tunnistaa sen jälkeen kun hän ottaa ykköset päältä ja siirtyy koruttomaan taisteluvarustukseen.

Burroughsin nopeasti laukkaavalle mielikuvitukselle on tyypillistä, että kaldanien kaltainen omaperäinen tieteisidea jää ainoastaan täytetavaraksi. Huomattavasti sitä merkittävämmälle sijalle nousee Manator, kaupunkivaltio, jossa pelataan šakkia, tai sen marsilaista vastinetta *jetan*-peliä, elävillä nappuloilla. Valtio on poikkeuksellisen iso barsoomilaisiin oloihin, sillä pääkaupungin Manatorin lisäksi siihen kuuluvat myös provinssikaupungit Manatos ja Manataj. Se on kuitenkin onnistunut pysymään piilossa koko muulta Barsoomilta sulkemalla yhteydet ulkomaailmaan, jos kohta se ryöstää mielellään väkeä ulkomaailmasta orjikseen.

Meillä on tässä siis taas yksi sellainen "kadonnut sivilisaatio", joilla Burroughs kirjoitti pilalle Tarzan-sarjan. Barsoomissa ne eivät ole niin häiritseviä kuin Tarzan-sarjassa, koska Barsoom kuitenkin on kirjailijan omaksi leikkikentäkseen keksimä planeetta, mutta Manatorilla ei ole mitään itsestään selvää syytä jäädä löytymättä. *Marsin sotavaltiaassa* John Carter ja Thuvan Dihn löytävät pohjoisnavan läheltä keltaihoisten barsoomilaisten valtakunnan, Okarin, joka asukkaineen on siihen asti ollut muille barsoomilaisille tuttu vain legendoista. Okar on kuitenkin uskottava eristäytymisessään: se on maateitse vaikeapääsyinen paikka, joka lisäksi pystyy magneettitorninsa, "pohjolan vartijan", avulla vangitsemaan ja tuhoamaan alueelleen tunkeutuneet lentokoneet, niin etteivät ne palaa kotimaihinsa raportoimaan löytämästään.

Manator taas on tekniikaltaan huomattavasti jäljessä muita punaihoisten marsilaisten valtioita: siellä ei ole lentäjiä eikä lentokoneita, tuskinpa ilmatorjuntaakaan. Eristyksen ideologisena perusteluna toimii se tavallinen, eli omahyväinen nationalismi, joka on myös teknisen jälkeenjääneisyyden taustalla. Manatorilaiset (kuten kaldanit!) ovat ylpeitä siitä, mitä ovat syntyjään, eivät siitä, mitä tekevät; siksi he eivät kykene ottamaan vastaan vaikutteita niiltä kansoilta, jotka mieluummin toimivat, luovat ja tekevät, laakereilla lepäämisen asemesta.

Manatorilaisille kyllä kelpaavat edistyneempien kansakuntien kansalaiset, joita he mielellään pyydystävät orjikseen muistamatta aina edes noudattaa asiaan kuuluvaa varovaisuutta ja kohtuutta. He saattavat jopa kidnapata kuningashuoneen prinsessan saattajineen, mikä tunnetusti on jokaiselle Barsoomin hoville isku vasten kasvoja ja riittävä peruste aloittaa eeppiset mitat saava hävityssota. Naapurivaltioiden johtajille luulisi siis kertyvän paineita selvittää, kuka heidän väkeään oikein vie; ja missä tahtoa on, tapakin yleensä keksitään.

Šakkipeli areenalla on *Marsin ritarien* suuri huipennus: gladiaattoriporukan värväämisellä ja roolittamisella mässäillään monta sivua etukäteen, ja itse ottelukin on mahtava. Kirjailija oli mieltynyt areenakohtauksiin yleensäkin, sekä Barsoom-sarjassa että muutenkin, ja *Marsin ritareissa* ~ kirjan alkuperäinen nimi *The Chessmen of Mars* tarkoittaa 'Marsin šakkinappuloita' ~ hän onnistuu jopa poikkeuksellisen hyvin.

Vaikka manatorilaiset ovatkin taikauskoista ja jälkeenjäänyttä väkeä, yksi taito heillä on hallussaan: vainajien palsamointi. Elävän näköisiksi preparoidut menneen Manatorin mahtimiehet asuttavat salia, johon jeddak vetäytyy mietiskelemään, ikään kuin keskustelisi edeltäjiensä kanssa. Tästä on varmaankin lupa tehdä se johtopäätös, että manatorilaisten uskonto, jos heillä sellaista on, on esi-isien palvonta, joka on toki luonteenomaista muillekin Barsoomin kansoille.

Thernien uskonnosta manatorilaisten keskuudessa ei näytä olevan minkäänlaisia jäänteitä, mikä kyllä hieman yllättää. Itse asiassa olisi odottanut Burroughsin vielä alkuperäisen trilogiankin jälkeen jättävän Barsoomiin pieniä vanhassa uskonnossa pitäytyviä kansoja, jotka olisivat tarjonneet therneille turvapaikan. Tämän sijasta hän kyllä kuvasi *Marsin ihmeissä* mustien barsoomilaisten siirtokuntaa, joka pitäytyi kansansa vanhoissa tavoissa ja arvostuksissa, vaikkei tämä oikein vaikuttanut uskottavalta sarjan alkuosien tapahtumien valossa.

Kuten keltaisten barsoomilaisten Okarissa, myös Manatorissa on sisäisiä ristiriitoja, joita sankarit voivat hyödyntää. Itse asiassa Okar ja Manator ovat samalla kaavaimella piirrettyjä valtakuntia: kummassakin on pääkaupungin (Manatorissa samanniminen kaupunki, Okarissa Kadabra) lisäksi kapinallinen kaupunki, jonka jed nautti suurta kansansuosiota ja on tarinan sankareille sopiva liittolainen (Manatorissa Manatos, jota johtaa "suuri jed" U-Thor, Okarissa prinssi Talun hallitsema Marentina) sekä syrjäinen provinssikaupunki, josta juuri kukaan ei käy pääkaupungissa ja jonka asukkaiksi sankarit voivat tekeytyä (Okarissa Illall, Manatorissa Manataj).

Marsin ritareita seuraa *Marsin miekat*, jonka nimi on jossain määrin harhaanjohtava. Kuten jo olen edellä maininnut, se alkaa John Carterin sotaretkellä salamurhaajamafiaa vastaan, ja sekä kirjan nimi että alkusivujen rehevä alamaailmakuvaus lupailevat vauhdikasta säiläseikkailua Barsoomin hämärämiesten keskuudessa. Tämä olisi ollutkin kiinnostava aluevaltaus Burroughsilta, jolle toki rikolliset piirit eivät olleet mitenkään vieras tarinamiljöö: hän kirjoitti uransa alkupuolella muutaman tarinan Billy "The Mucker" Byrne-nimisestä juoposta pikkugangsterista, jonka rakkaus yläluokkaiseen naiseen lopulta nostaa alhosta kunnon mieheksi. Vähitellen *Marsin miekat* kuitenkin liukuu avaruustarinaksi, jossa roistot kaappaavat – kenetpä muun kuin Dejah Thorisin viedäkseen hänet mukanaan Thuriaan, toiseen Barsoomin kuista.

Tieteistarinana *Marsin miekat* tekee sen perusvirheen, että siinä käytetään ihmeellistä teknistä innovaatiota äärimmäisen banaaliin ja typerään rikokseen. Jos kehitän kuolemansädepistoolin, ensimmäinen mieleeni tuleva idea on *tietysti* ryöstää jäätelökioski tai makeiskauppa uhkaamalla sillä myyjää, vai mitä? Ja kun Barsoomin roistot keksivät ajatuksen voimalla lentävän avaruuslaivan, niin mitäpä muuta he sillä oivaltaisivat tehdä kuin kidnapata Dejah Thorisin, siis planeetan kuuluisimman kaunottaren, jonka aviomies on myöntänyt itsekin, ja Zodangan raunioittamalla myös käytännössä näyttänyt, että on valmis vaikka kansanmurhaan pelastaakseen vaimonsa.

Tämän lajityypin tarinoissa toki pahiksen tehtävä ja rooli on viime kädessä olla maalitaulu, johon kuolematon sankari napakymppinsä ampuu. Hyvässä jännärissä roiston kuuluisi kuitenkin toimia jonkinlaisten omien päämäärien motivoimana – hänen pitäisi tiedostaa etunsa ja määritellä tavoitteensa sen mukaan. Kelmin ei tulisi yrittää Dejah Thorisin kaappaamista, koska Barsoom-tarinoiden omassakin maailmassa on selvää, että John Carteria ei pidä ärsyttää, jos mielii tuhatvuotiaaksi elää. Jos joku roisto on kyllin typerä ja vailla itsesuojeluvaistoa ryhtyäkseen moiseen, hän ei ole edes viihderomaanihenkilönä uskottava – hän on pelkkä marionetti, kirjallinen lihakimpale, jonka kirjailija on heittänyt sankarin pureskeltavaksi.

Telepaattisesti ohjattavan avaruusaluksen keksijä Fal Sivas on Barsoom-sarjan hulluista tiedemiehistä ehdottomasti hulluin. Aivojensiirtäjä Ras Thavas on tyypillinen toonolilainen rationalistifanaatikko, jolle tieteellisen tiedon kartuttaminen on itseisarvo ja joka on valmis uhraamaan inhimillisyyden tieteen alttarille. *Marsin urhon* Phor Tak taas on katkeroitunut jeddakiinsa ja mennyt kostonhimosta sekaisin. Kumpikaan heistä ei kuitenkaan vedä vertoja Fal Sivasille.

Fal Sivas kiduttaa orjattariaan aukaisemalla heidän kallonsa ja ärsyttämällä aivoja erityisellä säteilyllä; koska Barsoomissa seksuaalinen himo niin usein pukeutuu sadismin viittaan, myös Fal Sivas valitsee uhrinsa kauneuden, ei tieteellisten perusteiden mukaan. Kallonavauksen jälkeen uhreja ei voida auttaa, antaa samanlaisen kohtalon uhkaama orjatar Zanda meidän ymmärtää; ja eräässä kirjan kammottavimmista kohtauksista Zanda armomurhaakin avoaivoisiksi leikatut tytöt.

Se suuri idea *Marsin miekoissa* ei niinkään ole telepaattisesti ohjattava avaruusalus kuin ns. massojen kompensaatiolaki, jonka Fal Sivas selittää valepukuiselle John Carterille. (Aivan oikein: John Carter esiintyy tässäkin romaanissa *panthan*-palkkasoturina. Hyvin tuntuu vanha juju menevän läpi.) Massojen kompensaatio tarkoittaa sitä, että kun Barsoomista lähdetään matkalle jompaa kumpaa kuuta, sekä matkustajat että heidän avaruusaluksensa pienenevät, kunnes ovat yhtä pieniä kuin kuu itse suhteessa planeettaan. Näin he voivat liikkua kuun pinnalla ja kokea että se on yhtä suuri taivaankappale kuin itse Barsoom.

Mitään tolkkuahan tässä ei ole, ja äkkinäinen voisikin arvella, että se on pelkästään temppu, jolla kirjailija sai näppärästi luotua itselleen uuden seikkailumaailman. Toisaalta vaikuttaa siltä kuin Einsteinin suhteellisuusteorian paradoksit olisivat innoittaneet kirjailijaa tähän ideaan. Suhteellisuusteoria on näet samantyyppisellä tavalla ristiriidassa arkijärjen kanssa kuin Burroughsin keksimä "luonnonlaki": molemmat edellyttävät sellaisten konkreettisten, kiveenhakatuilta vaikuttavien ominaisuuksien kuin pituuden ja koon joustavan olosuhteiden mukaan.

Thuriaan siis mennään miehissä, ja kun sen pinnalle päästään, tavataan taas kerran ikävystyttävän ihmismäisiä olentoja, tarideja, joita ei juuri erota barsoomilaisista. Huomattavasti kiinnostavampaa on, että sankari joutuu neuvottelemaan itselleen yhteistyökumppaneita masenoista, ihmislihaakin mielellään syövistä kaksisuisista humanoideista (yksi suu on hengittämistä ja ääntelyä, toinen syömistä varten). Masenat ovat samalla tavalla omintakeisia olentoja kuin Barsoomin vihreät paimentolaiset, tai olisivat, jos kirjailija vaivautuisi kehittelemään heitä pitemmälle. Nyt hekin jäävät kertakäyttöideaksi.

Kuumatka sinänsä on merkki siitä, että kirjailija on menettämässä otteensa tai kiinnostuksensa luomaansa maailmaan, koska hän lupaavan pohjustuksen jälkeen jättää hyödyntämättä sellaisen vanhaan Barsoomiinsa kuuluneen kulttuuripiirteen kuin salamurhaajat. Salamurhaajien killasta olisi voinut saada samanlaisen mahtavan seikkailun kuin thernien uskonnon paljastamisesta, kun lyömätön John Carter olisi saanut vastaansa koko planeetan mafiosot ja käynyt elämää suuremman taistelun heitä vastaan. Tätä tarinaa Burroughs ei koskaan kirjoittanut, ja se tuntuu jääneen kaivelemaan muitakin kuin minua. Teinivuosinani Suomenkin kioskeissa kaupan olleissa John Carterin tarinan sarjakuvasovituksissa mentiin nimittäin toiseen äärimmäisyyteen: niiden tekijät jämähtivät yhä pakkomielteisempiin salamurhaajajuoniin yrittäessään itse kirjoittaa sen romaanin, jota *Marsin miekoista* ei tullut.

Marsin miekkojen jälkeen ilmestyi *Marsin robotit*, jonka nimi on suomentajan keksintöä, sillä englanniksi se on *Synthetic Men of Mars*, Marsin synteettiset miehet. Se on saanut huonot pisteet useimmilta kirjasarjan arvostelijoilta ja faneilta: esimerkiksi Lupoff sivuuttaa koko kirjan yhdellä halveksuvalla lauseella. Itseni on hiukkasen vaikea olla niin tyly tätä kirjaa kohtaan, koska se oli ensimmäisiä poikavuosina lukemiani Barsoom-romaaneja ~ oikeastaan juuri se, joka minut koukutti John Carterin Marsiin. Se palaa Morbuksen saarelle, jossa Ras Thavas edelleen elelee Marsin nerona, paitsi että hän on joutunut omien luomustensa, *hormadien*, vangiksi.

Hormadit eivät oikeastaan ole robotteja, vaan biologisesta aineksesta erityisissä viljelyaltaissa ravintonesteellä kasvatettuja keinotekoisia humanoideja, useimmat tyhmänpuoleisia, mutta ruumiinvoimiltaan ylivertaisia. Koska Ras Thavas ei neroudestaan huolimatta ole kyennyt tekemään heistä sopusuhtaisia eikä edes symmetrisiä, onnistuneena hormadina on pidettävä sellaista, joka edes joten kuten pystyy puhumaan, kävelemään ja (kun kerran Barsoomissa ollaan) vispaamaan miekalla ilmaa ja tarvittaessa myös vastustajansa sisuskaluja. Älykkäimmät hormadit saavat palkinnoksi palveluksistaan jonkin niistä ihmiskehoista, joita Ras

Thavasilla on aivonvaihtoviikkojensa jäljiltä yhä varastoissaan, mutta joukko näitä ihmishahmoisia hormadeja on pannut keksijänsä viralta ja hallitsee nyt Morbusta "seitsemän jedin neuvostona".

Hormadit ovat Barsoom-kirjalle käypä kantava ajatus, myös hormadinkasvatuksen käytännön ongelmat on kuvattu sisäisesti johdonmukaisella tavalla, ja kertojaminäksikin on saatu aito barsoomilainen nimeltään Vor Daj – aivan kuten *Marsin urhossa* Tan Hadron. Vor Daj tietenkin rakastuu kauniiseen tyttöön ja haluaa – merkillistä kyllä – siirrättää ihmisaivonsa rujoon, mutta väkivahvaan hormadikehoon voidakseen suojella tyttöä paremmin. Lemmentarinalle tämä antaa oman liikuttavan säväyksensä: tyttö oppii rakastamaan muotopuolta, oksettavan rumaa hormadia tämän uskollisuuden ja epäitsekkyyden vuoksi tietämättä, että kyseessä onkin Vor Daj.

Marsin urho oli täynnä perusteellisempaakin käsittelyä kaivanneita irtoideoita, ja ainakin yksi sellainen löytyy myös *Marsin roboteista*: goolilaiset. Nämä ovat taas yksi omituinen marsilaiskansa: kenguruihmiset, joille on ominaista käsittämätön pelkuruus yhdistettynä pohjattomaan omahyväisyyteen. Hormadihahmoinen Vor Daj joutuu taistelemaan goolilaisten suuren miekkasankarin kanssa, mutta koska goolilaisten mielestä "ei olisi hyvää strategiaa" mitellä voimia mies miestä vastaan, miekkasankarilla on tukenaan kymmenen (!) muuta miestä. Tosin Vor Daj onnistuu pelottelemaan tämän koko porukan pakosalle, mutta sehän on tietysti goolilaisten omasta mielestä vain strateginen vetäytyminen.

Goolilaiset ylpeilevät myös "aarteellaan", joka itse asiassa on näkinkenkäkokoelma. Sen arvo ei perustu esimerkiksi siihen, että goolilaiset käyttäisivät simpukankuoria vaihtovälineinä, vaan ainoastaan siihen, että he ovat tykönänsä päättäneet tämän raakkukasan olevan mittaamattoman arvokas. Muut kansat, joita goolilaiset arvatenkin halveksivat hyvän päälle ymmärtämättöminä barbaareina, eivät tietenkään käsitä aarteen arvoa, mutta tämä on goolilaisten mielestä vain sitä parempi: ainakaan kukaan alempirotuinen ei-goolilainen ei yritä ryöstää heidän aarrettaan. Hauskassa goolilaisepisodissa on mehevää satiirin makua, mutta on vaikea sanoa, kelle tai mille kirjailija tällä kertaa yrittää irvailla.

Viimeinen varsinainen Barsoom-kirja on *Marsin ihmeitä*, englanniksi *Llana of Gathol*. Gatholin Llana, joka on antanut nimensä alkuperäisteokselle, on *Marsin ritareissa* solmitun avioliiton hedelmä, eli hänen vanhempansa ovat Heliumin prinsessa Tara ja Gatholin jed Gahan. Suomentaja on kuitenkin nimennyt kirjan aivan oikein, sillä tämä neljästä yhteenkytkeytyvästä novellista koottu episodiromaani on vanhenevan kirjailijan viimeinen kiertoajelu Barsoomin maisemissa. Se on täynnä sarjan edellisistä osista tuttuja nähtävyyksiä: sieltä löytyvät niin keltaiset barsoomilaiset, orovarit kuin mustat ilmarosvotkin ~ viimeiset ovat epäjohdonmukaista kyllä edelleen riidoissa John Carterin kanssa, vaikka alkuperäisen trilogian jäljiltä heitä jäi hallitsemaan sankarin liittolainen Xodar. Tietysti pääsemme myös näkemään John Carterin pariinkin otteeseen vetäisevän sen vanhan ja väsyneen bravuurinumeronsa, joka ei tietenkään ole *Tsaari kirvesmiehenä* eikä edes *Porvari aatelismiehenä*, vaan muidenkin menestyksellä esittämä *Prinssi panthanina*.

Marsin ihmeiden jälkeen ilmestyi postuumisti vielä yksi kirja (englanniksi nimeltään *John Carter of Mars*), joka sisälsi kaksi tarinaa. Toinen oli *Marsin jätti*, jonka mukaan koko kirja sai suomenkielisen nimensä, mutta pikkupoikakin huomasi siitä, vieläpä käännöksen läpi, ettei se ollut Edgar Rice Burroughsin omaa käsialaa. Sittemmin onkin selvinnyt, että sen laati hänen poikansa John Coleman Burroughs, joka teki mittavan elämäntyön isänsä teosten kuvittajana. Toinen oli *Jupiterin luurankoihmiset*, joka kyllä oli aitoa tavaraa ja josta isä-Burroughs aikoi alkua uudelle, *Marsin ihmeiden* kaltaiselle novelleista kootulle romaanille.

Jupiterin luurankoihmisissä on kyse juuri siitä, mistä tarinan nimikin kertoo: Jupiterista saapuu julmia morgoreita, luurankomaisia humanoideja, ja mitäpä muuta heillä olisikaan mielessä kuin Dejah Thoriksen ryöstäminen kidutettavakseen ja silvottavakseen ~ seksuaalista halua näillä olennoilla sitä vastoin ei ole hyveeksi asti jos ei paheeksikaan. Idea on niin pöljä, että se tuntuu suorastaan mielenkiintoiselta. Toki Jupiterista sitten löytyy myös inhimillisiä ihmisiä, joiden kanssa sankarimme voi solmia liittolaisuussuhteita, mutta mistäpä ei.

On tavallaan surku, että Burroughs ehti kuolla kirjoittamatta jatkoa *Jupiterin luurankoihmisille,* mutta toisaalta sitten taas ei. Vanhan jutunkertojan ote on *Luurankoihmisissä* jossain määrin hakusessa: hän on liian tietoinen tarinoidensa tieteellistä epäuskottavuudesta ja lankeaa saarnaamaan, että jonain päivänä tiedemiehet kyllä selvittävät hänen Jupiterinsa olevan se todellinen ja nykyisten teorioidensa olevan virheellisiä. Tämä on paha munaus, ja jo pikkupoikana huomasin miksi: Barsoom-kirjoissa ei kuulu välittää tiedemiesten löpinöistä, niissä mennään reippaasti taisteluun miekka kädessä ja heittäydytään seikkailun pyörteisiin.

Tarina alkaa kodikkaan barsoomilaisessa ilmapiirissä ja miljöössä, mutta aivan kuten *Marsin miekat,* tämäkin tarina ajautuu selvästi harhateille siinä vaiheessa kun lähdetään pois Barsoomista, tällä kertaa Jupiteria kohti. Itse olisin ollut siihen huomattavasti tyytyväisempi, jos morgorit olisivat jupiterilaisten asemesta olleet jokin Barsoomin vähän tunnettu laji; tosin heidän tunteettomuutensa ja sotaisuutensa olisi ehkä saanut heidät vaikuttamaan jonkinlaiselta vihreiden barsoomilaisten uudelleenlämmitykseltä. Toisaalta vähällä ruoalla toimeentulevilla luurankoolennoilla olisi luullut olevan uskottava kilpailuetu Barsoomin niukkaresurssisissa oloissa.

Alkusivuilla ollaan Zorissa, kaupungissa, jonka Helium on liittänyt alueisiinsa vasta hiljattain ja jossa siksi tietysti kytee vielä katkeruus valloittajaa kohtaan. Ai, *Zor* vai? Missä vaiheessa Zodangan nimi pätkäistiin noin lyhyeksi? Vai olisikohan kyse ollut siitä, että Burroughs alkoi ensin kertoa vanhaa juttuaan uudella nimellä, huomasi tämän vasta pari alkuliuskaa naputeltuaan ja kiirehti sitten keksimään jotain uutta, eli tässä tapauksessa Jupiterin luurankomiehineen. Morgorit tarvitsevat toki barsoomilaisen yhteistoimintamiehen, ja sellaiseksi kelpaa Multis Par, Zorin entinen prinssi, joka tietysti on katkera John Carterille kotikaupungin valtaamisesta ja liittoutuu luurankomiesten kanssa häntä vastaan. Hänen vaikuttimissaan ei ole mitään vikaa, mutta pitikö niitä varten keksiä uusi Zodanga? Multis Par olisi yhtä hyvin ja paremminkin voinut olla kotoisin siitä alkuperäisestä Zodangasta, jonka asukkaiden kostonhalu John Carteria kohtaan oli ennenkin kelvannut juonta kuljettavaksi elementiksi.

BARSOOMIN TANSSI

Eräänlainen viimeinen kädenheilautus John Carterille on Burroughsin vuonna 1940 ~ kymmenen vuotta ennen kuolemaansa ja samoihin aikoihin *Marsin ihmeiden* kanssa ~ kokoon sutaisema *Beyond the Farthest Star*, joka vaikuttaa Barsoom-sarjan uudelleenkäynnistykseltä ~ tosin kirjailijalla ei ollut enää voimia eikä aikaa kirjoittaa jatkoa aloitusromaanilleen. Sen päähenkilö singahtaa avaruuteen samalla yliluonnollisella tavalla kuin John Carter aikoinaan, mutta päätyykin Poloda-nimiselle planeetalle meidän linnunratamme ulkopuolelle.

Poloda on sodan planeetta siinä missä Barsoomkin, mutta nyt ei ollakaan Carterin reippaassa poikakirjamaailmassa. Polodan loputon sota on resursseja tuhlaavaa, armotonta ja ihmisiä nielevää touhua, mutta koska vihollismaa Kapara on armoton ja paha ~ mitä ilmeisin Natsi-Saksa ~ rauhaakaan ei parane tehdä. Romaanin henkilöt ovat siksi jo vuosia sitten alistuneet sodan väistämättömyyteen ihmisen osana.

Poloda-seikkailu ei ehkä ole parasta Burroughsia, mutta Barsoom-tarinoihin perehtyneet voivat sen ääressä hiljentyä pohtimaan, miten paljon 1900-luvun valtavat hävityssodat muuttivat kaikista ihmisistä myös Burroughsin mielenlaatua. Siinä missä Barsoomin sota on ritarillista ja rautarohkeata touhua, Polodan sota on totaalista ja tuhoisaa; ja siinä missä John Carter ylistää sodan loistokkuutta ja miekkamiestaidoillaan valloittamansa kaunottaren suloja, Polodaan joutunut Maan asukas Tangor itkee myötätunnosta ja kiitollisuudesta sodan uhriksi joutuneen kansan raapiessa kokoon viimeiset muonansa osoittaakseen hänelle, vapautta puolustavan Unisin (vrt. *United States*, Yhdysvallat) valtion sotilaalle, vieraanvaraisuuttaan. Ilmapiiri on kuin kriisialueella kuvatussa televisiodokumentissa, ja myös vankien keskitysleirissä vallitsee Solženitsyninsä lukeneelle pelottavan tuttu tunnelma. Polodaa kuvaillessaan Burroughs itse asiassa kertoo hyytävän todenmukaisesti toisen maailmansodan ja suurten totalitarismien aikakauden todellisuudesta.

Barsoom-tarinat eivät varmastikaan ole korkeakulttuurisesta näkökulmasta mitään maailmankirjallisuuden mestariteoksia. Niiden luonnehtiminen *tieteis*kirjallisuudeksi taas on omiaan kohottamaan kulmia, sillä Burroughs oli ennen muuta jutunkertoja, joka sai populääritieteestä innoitusta villeille fantasioille. Ankarampi moite on, että niiden juonessa on usein aukkoja ja tapahtumatkaan eivät aina rytmity kunnolla.

Vaikka Barsoomin maailma on suhteellisen eheä omine sisäisine lainalaisuuksineen, siitäkin on helppo osoittaa epäjohdonmukaisuuksia. Esimerkiksi barsoomilaisten ajatustenlukukyvyn Burroughs on jättänyt myöhemmissä romaaneissa pitkälti hyödyntämättä, vaikka sarjan ensimmäisessä osassa John Carterin lopulta oppima telepatia pelastaa hänen henkensä hänen yöpyessään kuolevan planeetan ohutta ilmakehää ylläpitävässä ilmatehtaassa (!).

*Marsin sankari*ssa ilmenee myös, että barsoomilaiset tarkkailevat teleskooppilaitteillaan Maan asukkaiden elämää ja tietävät täkäläisistä tavoista enemmän kuin haluaisimmekaan heille paljastaa. Tämä tulee uudelleen puheeksi vasta *Marsin nerossa*, kun Vad Varo pääsee tarkastelemaan vanhan kotiplaneettansa tilannetta barsoomilaisella kaukoputkella ja toteaa Saksan hävinneen ensimmäisen maailmansodan. Juonen kannalta nämä kaukoputkileikit ovat yhdentekeviä, mutta on silti hieman häiritsevää, että yhdessä kirjassa barsoomilaisten annetaan ymmärtää olevan hyvinkin syvällisesti perillä meidän Jasoom-planeettamme asioista, toisessa taas olemme heille pelkkä tähti taivaalla. Telepatian unohtuminen on huonompi juttu, koska se avaisi niin paljon mahdollisuuksia juuri tarinankerronnan kannalta.

Suuri puute on myös se, että kansatieteellisen tarkasti kuvatut vihreät marsilaiset, ennen muuta unohtumaton Tars Tarkas, katoavat kuvasta sarjan alkuosien jälkeen, samoin John Carterin sympaattinen vahtikoirahirviö Woola. Ylipäätään Burroughsia voidaan moittia ennen muuta siitä, että hän ei kiireisenä viihdekirjailijana muista hyödyntää luomansa maailman mahdollisuuksia riittävän perusteellisesti.

Kun viat ja ongelmat ovat näin ilmeisiä, moni päätyy kysymään, mikä juuri häntä, tai lukijoita yleensä, näissä puolivillaisissa tarinoissa oikein viehättää. Ensimmäinen vastaus on tietysti energinen kerronta. Silloin kun Burroughsilla juoni lähtee kulkemaan, silloin mennään eikä meinata. Maisema, henkilökuvaus ja huimat fantasiaideat palvelevat kaikki tarinaa, eikä junnaamaan jäädä. Lähimmän vertailukohdan tälle osaamiselle hakisin David Gemmellistä, jonka fantasiaromaaneihin olin itse pahasti koukussa vuosituhannen vaihteen aikoihin.

Gemmellin lahjakkuus on oikeastaan kaupallista menestystä silmälläpitäen paras mitä kuvitella voi. Hänen romaaninsa vaikuttavat ensi lukemalla hyvinkin syvällisiltä ja kestäviltä, mutta toisella kertaa lukija joutuu myöntämään, että vaikka tämä nyt hieno onkin, se on jo nähty. Niinpä addiktin täytyy siltä seisomalta saapastella kirjakauppaan hakemaan uutta annostaan ~ ja viemään rahojaan kirjailijan kassalippaaseen. Tämän tajuttuani olin Gemmellin työstä aika vaikuttunut: tuon kun osaisi, niin eläisi varmasti loppuikänsä lämpimässä ja kylläisenä.

Gemmell ei kuitenkaan vaivautunut rakentamaan sellaisia omia fantasiamaailmoja kuin Tolkien tai vaikkapa *Tulen ja jään laulun* tekijä George R. R. Martin, mikä toki ei ollut kaikilta osin huonokaan juttu: liian monet fantasiakirjailijat panostavat enemmän karttaan kuin tapahtumiin. Gemmell työskenteli pitkälti valmiilla stereotyypeillä tai yleisillä mielikuvilla esimerkiksi kelteistä tai roomalaisista, joilla onkin hänen tarinoissaan usein helposti tunnistettavat vastineet. Tällä tavalla Gemmell saattoi säästää kaiken tarmonsa tarinankerrontaan: säännöt ja miljöö olivat lajityypin valmista peruskauraa.

Kuten Tolkienin mainio esimerkki osoittaa, karttoja piirtelevät fantasiakirjailijat pystyvät parhaimmillaan luomaan sellaisia sisäisesti johdonmukaisia mantereita ja maankolkkia, että yleisö ei kirjan luettuakaan pääse niistä kokonaan irti. Toisaalta liian viimeistellyt ja liian johdonmukaiset maailmat kahlitsevat kirjailijan mielikuvitusta ja tukahduttavat villeimmät ideat, mikä ei fantasiakirjallisuudessa todellakaan ole hyvä juttu. Barsoom-sarjassaan Burroughs onnistui luovimaan sujuvasti kahden karikon välistä: hän ei määritellyt maailmaansa liian tarkkaan, vaan jätti siihen irtonaisia lankoja ja muutosmahdollisuuksia.

Barsoom-sarjan suurin puute ja samalla suurin ansio on siinä, että se on ideoiden kirjallisuutta jos mikä. Kirjailija nimittäin paiskoo lukijaa uusilla ja uusilla päähänpistoillaan, ja vaikka ne eivät aina olekaan täydessä sopusoinnussa hänen muissa saman sarjan teoksissa kehittelemänsä maailman kanssa, ne tuntuvat kuitenkin

73

kasvavan luontevalla tavalla maisemasta. Usein hyvätkin ideat jäävät lukijaa surettavalla tavalla kertakäyttöisiksi, mutta juuri ne tekevät Barsoomista maailman, joka ei koskaan ole valmis ja joka voi yllättää, vaikka sen luulisi tuntevansa.

Luettelo Edgar Rice Burroughsin Mars-kirjoista:

1) *The Princess of Mars*, suom. Marsin sankari
2) *The Gods of Mars*, suom. Marsin jumalat
3) *The Warlord of Mars*, suom. Marsin sotavaltias
4) *Thuvia, Maid of Mars*, suom. Marsin neito
5) *The Chessmen of Mars*, suom. Marsin ritarit
6) *The Master Mind of Mars*, suom. Marsin nero
7) *A Fighting Man of Mars*, suom. Marsin urho
8) *Swords of Mars*, suom. Marsin miekat
9) *Synthetic Men of Mars*, suom. Marsin robotit
10) *Llana of Gathol*, suom. Marsin ihmeitä
11) *John Carter of Mars*, suom. Marsin jätti. Sisältää tarinat *Marsin jätti*, joka on sittemmin osoittautunut Burroughsin pojan, John Coleman Burroughsin, kirjoittamaksi, ja *Jupiterin luurankoihmiset*, joka on aitoa Burroughsia.

Barsoom-sarjan on suomentanut Toivo Armas Engström, joka käytti kääntäjänä nimimerkkiä Seppo Ilmari. Engström julkaisi omalla nimellään nuortenkirjoja lähinnä meriaiheista (*Myrskylintu*; *Myrskylintu purjehtii länteen*; *Takaisin Myrskylintuun*), mutta myös kaksiosaisen avaruussarjan (*Avaruuspallo*; *Avaruuspallon paluu*). Engström oli kaksikielinen kirjailija, jolta ilmestyi ruotsiksi ja suomeksi esimerkiksi eräkirjailija Ernest Thompson Setonin elämäkerta; myös *Avaruuspallo*-kirjat ilmestyivät ensin ruotsiksi (*Rymdkulan*).

Säätiön aikaan

Isaac Asimov kuuluu tieteiskirjallisuuden kaanoniin, ellei suorastaan suuriin muinaisiin yhdessä Robert A. Heinleinin ja Arthur C. Clarken kanssa. Hänen teoksiaan ovat lukeneet kaikki, ja nekin jotka eivät ole, ovat ainakin olleet epäsuorasti hänen vaikutuksensa alaisia: esimerkiksi sellainen lapsuuteni suuri scifi-kokemus kuin sarjakuva *Markos, robottiajan sankari* oli mitä ilmeisimmin vohkinut yhtä ja toista kirjailijan robottiaiheisista novelleista, varsinkin robottien lain, joka kieltää ihmisten vahingoittamisen.

Tämä kirjoitus käsittelee pääasiassa Säätiö-trilogiaa, ja kyllä vain: puhun trilogiasta, vaikka kirjailija elämänsä ehtoopuolella hairahtuikin laajentamaan tätä sarjaa lisäteoksilla, jotka itse kierrän enimmäkseen kaukaa. Erityisesti Asimovin nolo yritys sitoa yhteen selvästi eri universumeihin sijoittuvat *Säätiö*-tarinat ja robottinovellit tekee näistä jatko-osista aika lailla sietämättömiä. Selvästi enemmän arvostan samalle aikajanalle sijoittuvaa, Asimovin jo samoihin aikoihin *Säätiö*-tarinoiden kanssa kirjoittamaa "imperiumitrilogiaa", johon kuuluvat romaanit *Pebble in the Sky, Avaruuden merivirrat* ja *Tähdet kuin tomua*. Näistä ensimmäistä ei vieläkään ole taidettu suomentaa, ja minun poikavuosinani oli käännettynä saatavissa vain *Avaruuden merivirrat* – tämän sarjan ehdottomasti paras ja omaperäisin osa, kahdessa muussa on välityön makua.

Kaikki kolme *Säätiö*-romaania luin tietenkin ensimmäisen kerran kirjojenahmimisiässä pari-kolmetoistavuotiaana; koska poikaikäisten kirjallisuuselämysten pariin tekee aina mieli palata, olen vuosien varrella ehtinyt kuluttaa puhki kaikki kolme romaania useita kertoja niin suomeksi, ruotsiksi kuin englanniksikin (saksannos – kuten saksaksi käännetty amerikkalaisscifi yleensäkin – on niin huonoa kieltä, etten koske siihen pitkällä tikullakaan). Parin viime vuoden aikana sarjan ensimmäinen osa tuli jälleen tutuksi, kun käänsin sen osittain alkukielestä, osittain ruotsinnokseen tukeutuen iirin kielelle ~ siinä missä suomennos on hyvin sanatarkka, riikinruotsalaisen tieteiskirjallisuuden suuren vanhan miehen Sam J. Lundwallin käännös on rennolla kädellä vedetty ja auttaa iirintäjää välttämään kömpelöitä englantilaisuuksia, kääntämään sanojen sijasta ajatukset.

Säätiö ei ollut pikkupojan ensimmäinen johdatus tieteiskirjallisuuteen, sellaisena sai toimia Clarken novellikokoelma *Tähtiaika*, jonka erään keskeisen novellin veljeni itse asiassa kertoi minulle oman muistinsa mukaan öisenä kauhujuttuna. Kyseessä oli *Jumalan yhdeksän biljoonaa nimeä*, jossa kaksi amerikkalaista tietokoneasiantuntijaa auttaa itämaisen luostarin munkkeja selvittämään kaikki heidän uskontonsa Jumalalle antamat nimet ~ mutta koska tämä on ainoa tehtävä, joka ihmiskunnalla ylipäätään on täytettävänään, Jumala panee koko maailmankaikkeuden koipussiin sen tultua valmiiksi.

En kuitenkaan tainnut olla paljoa kahtatoista vanhempi, kun *Säätiö* ensimmäisen kerran lähti mukaan Varkauden kaupunginkirjastosta. Siinä vaiheessa oli toki *Tähtien sota*kin jo nähty ja myös kirjamuodossa koettu, ja WSOY:n tieteisromaanisarjaa oli sen verran uutterasti mainostettu lukutoukkanuorisolle sopivien lehdykäisten sisäsivuilla, että Asimovin nimi oli tullut tutuksi. Silloisen ainoan iltapäiväläpyskän yleisönosastolla oli jo joku ehtinyt urputtamaan, että George Lucas aivan ilmeisesti apinoi *Säätiö*trilogiaa omassa suurelokuvassaan. Näin kova väite oli toki minunkin varmennettava alkuperäislähteestä.

Vaikutteita tai yhtäläisyyksiä on toki näkyvissä: ainakin linnunradanlaajuinen imperiumi esiintyy molemmissa maailmankaikkeuksissa, ja *Tähtien sodan* myöhemmissä osissa nähdään kokonaan ihmisasutuksen peittämä Coruscantin planeetta, josta tulee mieleen *Säätiön* Trantor. Han Solo, rähjäisellä avaruusaluksella lentelevä salakuljettaja, muistuttaa hahmona kovasti säätiöläisiä kauppiaita; ja hänen kotiplaneettansa Corellian nimestä tulee mieleen Korellin tasavalta Asimovilla, vaikka näillä maailmoilla ei mitään muita yhtäläisyyksiä olekaan. Plagioinnista on kuitenkin asiatonta puhua, sillä esimerkiksi sellainen *Tähtien sota* -maailman keskeinen käsite kuin Voima on vailla vastinetta Asimovin universumissa. Asimov suhtautuu kaikenlaiseen uskontoon ja metafysiikkaan ylipäätään hyvin kyynisesti.

Säätiö, trilogian ensimmäinen osa, ei varsinaisesti ole romaani, vaikka sitä sellaisena markkinoidaankin, vaan kokoelma temaattisesti yhteen kuuluvia novelleja; kaksi muuta sarjan nidettä, *Säätiö ja Imperiumi* ja *Toinen Säätiö*, koostuvat kumpikin kahdesta tarinasta, mutta ensimmäisessä kirjassa niitä on peräti viisi. Tosin ensimmäisen niistä, *Psykohistorioitsijat*, Asimov kirjoitti johdannoksi vasta jälkikäteen, viisikymmenluvun alussa, kun kokoomanide sai nykyään kanonisena ja lopullisena pidetyn muotonsa; muut neljä ehtivät ilmestyä aikakauslehdissä jo nelikymmenluvulla. Alkuperäiset novellit on julkaistu myös *One Thousand Year Plan* -nimisenä kokoelmana, ja sen mukaan sai nimensä myös Säätiön saksannos, *Der Tausendjahresplan*.

Ei ole tiedossani, luovuttiinko amerikkalaisissa julkaisuissa tästä jälkimmäisestä nimestä siksi, että "tuhatvuotissuunnitelma" tuntui viittaavan liikaa kommunistisen arkkivihollisen viisivuotissuunnitelmiin. Ylipäätään trilogian perusidea ~ tulevaisuuden ennustaminen ja säätäminen yleisistä sosiologisista, taloudellisista ja massapsykologisista kehityssuunnista käsin ~ haiskahtaa Marxilta tavalla, jonka olisi luullut häiritsevän viisikymmenluvun mccarthyismin tartuttamia amerikkalaisia. *Säätiö* sai tosin varsinaisen innoituksensa klassikosta *Rooman valtakunnan rappio ja tuho*, jonka kirjoitti 1700-luvulla elänyt brittihistorioitsija Edward Gibbon. Kaikki sukunimestä luonnostaan vääntyvät apinavitsit olen keksinyt jo itse, joten hiljaa siellä takarivissä.

Säätiön alkuasetelmassa Hari Seldon, matemaatikko ja massapsykologi, toimii linnunradanlaajuisen imperiumin keskuksen, Trantorin, yliopistossa ja kehittää siellä psykohistoriaksi kutsumansa tieteenalan: koska galaktiset ihmismassat ovat niin suuria, niiden käytöstä ja yhteiskunnan muuttumissuuntaa on imperiumin oloissa mahdollista mallintaa ja ennustaa aivan toisella tavalla kuin meidän aikanamme. Seldonin prognoosit ovat kuitenkin sen verran synkkiä, että imperiumin tosiasialliset vallanpitäjät ~ keulakuvakeisarin niskaan hengittävät turvallisuusviranomaiset ~ alkavat ahdistella häntä kuin KGB toisinajattelijoita: psykohistoria ennustaa näet, että valtakunta romahtaa jo lähivuosisatoina ja alkaa kymmenien tuhansien vuosien mittainen barbarian aika. Turvallisuusviranomaisten kuulustelussa Seldon korostaa, ettei pidä imperiumia sinänsä pahana asiana (*a bad thing*) ~ tässä kohtaa suomentajalle on sattunut ikävä lapsus: hänen Seldoninsa sanoo yhtäkkiä, ettei katso keisarikunnan "olevan rappiolla", vaikka on siihen asti vakuutellut imperiumin nimenomaan rappeutuneen jo peruuttamattomasti pilalle ~ vaan on hänen majesteettinsa lojaalin opposition edustaja, joka haluaa pelastaa kaiken pelastettavissa olevan. Siksi Seldonia ei teloiteta, mutta hänet ja kaikki hänen tiedeprojektinsa työntekijät perheineen ja sidosryhmineen ajetaan maanpakoon galaksin reunalla sijaitsevalle Terminuksen planeetalle, mahdollisimman kauas Trantorista. Sinne nämä pakolaiset perustavat tieteellisen säätiön, jonka tarkoituksena on luoda rappiolle vastapaino ja pitää luonnontiede ja insinööritaito elossa edes jossain, kun suuret kansanjoukot alkavat pitää sitä ongelmien osasyynä hakien turvaa mieluummin taikauskosta.

Sekä Asimovia että hänen kollegaansa Heinleiniä askarrutti ja ahdistikin Yhdysvaltain uskonnollis-fundamentalistinen potentiaali: molemmat näkivät maan voivan vajota tiedevastaisen, kiihkouskonnollisen diktatuurin aikakauteen ja molemmat sivusivat aihetta merkittävimmissä teoksissaan. Heinleinin tuotantoon kuului "tulevaisuudenhistoriallinen" novellisykli, jonka aikajanalle hän varasi tilan Nehemiah Scudder -nimisen televisioevankelistan diktatuurille; hän ei kuitenkaan tullut kirjoittaneeksi Scudderin nousua käsitellyttä novellia (jolle hän oli jo päättänyt nimenkin, *The Sound of His Wings,* "Hänen siipiensä ääni"), koska ajatus niin synkeästä ja surullisesti loppuvasta tarinasta ahdisti häntä liikaa. Sen sijaan hän kertoi kapinasta Scudderin perustamaa teokraattista hallintoa vastaan.

Toisaalta Heinlein kirjoitti myös optimistisemman kirjan uskonnon vallankumouksellisista mahdollisuuksista, *Seitsemän miehen sota.* Tässä häpeämättömän rasistisessa, Yhdysvaltain Tyynenmeren-sodan tunnelmia kaikuvassa tekeleessä tulevaisuuden "panaasialainen" valtio (mitä ilmeisin viittaus toisen maailmansodan japanilaisiin) nujertaa amerikkalaiset, mutta valloittajalta huomaamatta jäänyt "linnoitus" eli armeijan tutkimuskeskus onnistuu kääntämään tilanteen kehittämällä ylivoimaisia ihmeaseita ja tuomalla ne maan jokaiseen kaupunkiin uskonnollisen kultin varjolla. Uskonto antaa voitetuille uuden kokoavan identiteetin ja lopulta myös tekniset välineet nujertaa panaasialainen miehittäjä.

Seitsemän miehen sodan tappavat aseet voidaan säätää vaikuttamaan vain itäaasialaisen "rodun" edustajiin ja olemaan vaarattomia valkoihoisille (mustia tuskin edes mainitaan). Koska valloittaja on sopivasti joukkomurhaamalla hävittänyt potentiaalisina pettureina sekä kaikki "sekarotuiset" että paikalliset aasialaisyhteisöt, tarinan urheita kapinallisia eivät rasita minkäänlaiset harmaan vyöhykkeen moraaliset ongelmat, vaan armoton hävityssota voidaan käydä iloisen mustavalkoisissa merkeissä. On kieltämättä kätevää, että tappavia säteitä saa roiskia vaikka minkä käsirysyn sekaan, kun ne eivät koskaan vahingoita muita kuin vihollisia.

Uskontoa tieteen valekaapuna käyttävät pakosta myös Asimovin sankarit, koska tieteen epäsuosio on osa galaktisen keisarikunnan rappiota. Säätiöläiset esiintyvät ensin lähetyssaarnaajina ja kouluttavat naapuriplaneettojen älykkäimmät sitten papeiksi. Nämä voivat käyttää Säätiön insinöörien kehittämiä teknisiä laitteita, mutta koska heidät opetetaan pitämään niitä jumalvoimien ohjaamina taikakaluina, he kykenevät vain kääntämään vipstaakeja ja painelemaan nappuloita, eivät perehtymään niihin luonnontieteellisiin periaatteisiin, joihin tekniikka perustuu.

Uskonnollisena keskuksena toimiminen on Säätiön historiassa kuitenkin vain ohimenevä jakso. Merkittävämpää on, että Terminuksen planeetta, Säätiön koti, on luonnonvaroiltaan niukka – kolikotkin tehdään ruostumattomasta teräksestä, koska kaikki niukemmat, erikoisemmat ja arvokkaammat metallit tarvitaan erityisiin huipputeknisiin tarkoituksiin viimeistä atomia myöten. Siksi Säätiö joutuu olosuhteidensa paineessa kehittämään pienikokoisia ja niukasti materiaalia vaativia teknisiä laitteita, jotka kilpailutilanteessa lyövät murenevan imperiumin suuret ja kömpelöt voimakoneet. Raaka-ainepula merkitsee myös, että Säätiön on panostettava kauppayhteyksiin ja markkinoitava tuotteitaan pitkin galaksin laitaa – jolloin asiakkaat maksavat raakametalleilla. Trilogian ensimmäisen osan lopussa Terminuksen planeetasta onkin tullut leimallisesti kauppakeskus, linnunradan Hongkong tai Singapore.

Teknisen ja luonnontieteellisen osaamisen taas varmistaa se, että Säätiö on alkujaan perustettu tieteelliseksi tutkimuslaitokseksi, jonka virallisena tarkoituksena on koota kaikki ihmiskunnan tietämys valtavaksi tietosanakirjaksi, Galaktiseksi ensyklopediaksi ~ näin mikään ei unohdu eikä joudu hukkaan, selittää Hari Seldon Trantorissa keisarikunnan epäileväisille turvallisuusviranomaisille. Säätiön virallinen nimikin on Ensyklopediasäätiö. Tämä on itse asiassa pelkkä harhautus, mutta sitä ei paljasteta tietosanakirjaa työstäville tiedemiehille ennen kuin heidän on liian myöhäistä perääntyä.

Tuossa vaiheessa (tarinassa *Ensyklopedistit*) tiedemiehistä on jo tullut edistyksen este, koska Terminuksella alkaa olla muutakin väestöä kuin sanakirjamaakareita: tavallinen kansa on vaatinut ja saanut poliittisen itsehallinnon, joka yhden kaupungin pikkuplaneetalla tarkoittaa kaupunginvaltuustoa ja pormestaria. Ylintä valtaa käyttää kuitenkin tietosanakirjasäätiön oma johtokunta ja sen puheenjohtaja, äreä Lewis Pirenne; häntä vastaan asettuu Säätiön ensimmäinen pormestari Salvor Hardin, maltillinen ja kaikenlaista väkivallankäyttöä vieroksuva mies, joka kaappaa verettömästi vallan itselleen ja siinä sivussa kansalle.

Vallankeikauksen motivaattorina toimii läheisen barbaarivaltion, imperiumin provinssista sotaisaksi kuningaskunnaksi muuttuneen Anakreonin uhka. Pirenne uskoo, että Säätiön virallinen asema suoraan keisarille ja Trantorille alisteisena tieteellisenä instituutiona riittää lopettamaan Anakreonin vaatimukset liittää Terminus alueisiinsa. Hardin taas ymmärtää, että keisarilla ei enää ole mitään sanomista galaksin reuna-alueiden politiikassa. Niinpä hän pyrkii toimimaan siinä ulkopoliittisessa lähiavaruudessa, jossa Terminus sijaitsee, ja ohjailemaan Anakreonin ja muiden naapurikuningaskuntien kehitystä suotuisaan suuntaan Säätiön tieteellis-teknisen ylivoiman turvin.

Kun Pirennen ja Hardinin vastakkainasettelu on kiivaimmillaan, Seldonin muistoksi rakennettu aikaholvi avautuu ja Säätiön kärkimiehet menevät katsomaan tallennetta, jonka Seldon on jättänyt jälkimaailmalle muistoksi. Juuri tallenne ilmoittaa Pirennelle ja hänen kannattajilleen ensyklopediahankkeen olleen pelkkä hämäysmanööveri – ja koska Pirenne loogisesti ajattelevana tiedemiehenä ymmärtää olevansa väärässä, hän luovuttaa valtikan suosiolla Hardinille.

Tallenteet ovat käytännössä Seldonin haamu, joka aina suurten kriisien yhteydessä ilmaantuu holviin kommentoimaan ajankohtaista tilannetta. Tämä on kerronnallisesti kömpelö viritys – se alleviivaa häiritsevästi sitä, kuinka tarkasti Seldon on osannut ennustaa sekä kriisin ajankohdan, syyn että tuloksen. Jopa fantasiatarinassa tämä tuntuu epäuskottavalta. Sen kyllä uskoo, että Säätiön vahvuudeksi muodostuu juuri kätevien teknisten kapistusten kauppa massamarkkinoille, koska Seldon on valinnut uudisplaneetalleen sellaiseen johtavat reunaehdot. Mutta usein tuntuu siltä, että Seldonin kriisit voisivat hyvin ratketa toisellakin tavalla kuin kirjailija väittää.

Esimerkiksi Hardinin vallankaappauksen yhteydessä pohdituttaa, miten olisi käynyt, jos lehmänhermoisen ja väkivaltaa vieroksuvan pormestarin tilalla olisi ollut temperamenttisempi mies. Tiedemiehet edustavat siinä vaiheessa Säätiön historiaa juuri imperiumin pysähtyneisyyttä ja taantumusta, kuten Hardin puuskahtaa yrittäessään saada Pirennen ja tämän kollegoiden päätä kääntymään. Siinä tilanteessa yksi mahdollinen kehityssuunta on, että tiedemiehiä vastustava pormestari kääntyy koko tiedettä vastaan – että tapahtuu jotain samantapaista kuin naapurivaltio Anakreonissa, jossa valtaa pitävät kovapintaiset, oppia ja koulutusta halveksivat sotilasaateliset.

Asimovin selitys tälle on, että kaikki mahdollisuudet on jo otettu mukaan laskuihin ja että Seldonin kriisi on sellainen tilanne, josta on yksi ainoa uloskäynti – aikalaisten on vain avattava se. Kertaakaan se ei kuitenkaan jää löytämättä, eikä kirjailija myöskään luo sellaista tarinankerronnan kannalta mielenkiintoisempaa asetelmaa, jossa yritetään ensin Seldonin suunnitelman kannalta väärää ratkaisua, mutta kohtalon voima ilmaantuu kulisseista ohjaamaan Säätiön historian takaisin oikealle tielle. Äkillinen hätätilanne, josta pääsee ulos vain yhdellä avaimella vain yhdestä ovesta, sopii käsitteenä oikeastaan kovin huonosti yhteen psykohistorian alkuperäisen idean kanssa, koska siinä on kyse suurista, pitkään vaikuttavista yhteiskunnallisista kehityssuunnista, ja historian suurmiehetkin ovat vain näiden persoonattomien virtausten johtoasemiin työntämiä sattumakorpraaleita. Myös Asimovin epäkriittinen usko kauppaan ja kapitalismiin häiritsee toisinaan. Trilogian ensimmäisen osan suuri kehityslinja on kauppiaiden nousu Säätiön hallitsevaksi voimaksi, tiedemiesten ja tekniikkauskonnon ohi. Tämä tarinajuonne saavuttaa luontaisen loppuratkaisunsa, kun pormestarin pallille nousee ensimmäisen kerran kauppias – tuossa vaiheessa jo suurliikemieheksi ja konsernijohtajaksi yltänyt ja sen takia kaupparuhtinaaksikin karahteerattu Hober Mallow, jonka suuri saavutus on tehdä loppu uskontovallan viimeisistä rippeistä myös Säätiön vaikutuspiiriin joutuneilla planeetoilla. Tämä kansanjohtaja osoittautuu kirjailijaluojaansakin lahjakkaammaksi todetessaan viisaasti, että edes hänenlaistensa rahavaltiaiden aika ei kestä loputtomiin ja että Säätiön joustavassa ja kehittyvässä yhteiskunnassa kuvioihin varmasti ilmaantuu seuraava nuori voima sitten kun kauppa ei enää vedä.

Asimov itse ei kuitenkaan osannut kirjoittaa tarinaansa sellaista voimaa. Trilogian toiseen osaan päästessään hän nosti Säätiötä vastaan – ei esimerkiksi mitään kauppiasvallan vastaista sosialistiliikettä (ei siis edes *New Deal*-tyyppisen rooseveltilaisen sosiaalidemokratian galaktista versiota), vaan – vanhan Imperiumin armeijan, jota toki johti nuori ja kyvykäs kenraali Bel Riose. Riose julistaa avoimesti uhmaavansa psykohistorian persoonattomia voimia, tai kuten hän itse sanoo: *Hari Seldonin kuollutta kättä*, jota vastaan hän asettaa uhmakkaasti oman elävän tahtonsa. Kenraali joutuu kuitenkin huomaamaan häviävänsä uhkapelinsä, sillä historia tarjoaa hänelle vain sellaisen pakan, jonka kortit Seldonin kuollut käsi on jo merkinnyt.

Tässä tarinassa (*Kenraali*) sankarikauppias Lathan Devers soluttautuu Bel Riosea vakoilemaan esiintyen Säätiön vainoamana toisinajattelijana, joka hakee turvaa antautumalla sotavangiksi. Kun Riosen sota Säätiötä vastaan tuntuu etenevän huolestuttavan hyvin, Devers ja toinen vanki, aatelismies Ducem Barr Siwennan kapinallisesta provinssista, karkaavat kenraalin tukikohdasta ja matkustavat Trantoriin tarkoituksenaan hankkiutua Imperiumin keisarin puheille ja valehdella hänelle suut ja silmät täyteen siitä, kuinka Riose muka kärkkyy keisariksi keisarin paikalle. Tämä osoittautuu kuitenkin turhaksi, sillä keisarin epäluulo liian suosittua ja menestyksekästä kenraalia kohtaan on jo ~ täysin Seldonin ennustusten mukaan ~ herännyt, ja Barrin ja Deversin täytyykin lähteä äkkiä lipettiin Trantorista, koska keisarin turvallisuuspalvelu luulee *heitä* Riosen lähettämiksi salamurhaajiksi.

Asimov saattoi kyllä kuvitella Säätiön voivan rappeutua sisältäpäin, mutta sellainen mahdollisuus ei juolahtanut hänen mieleensä, että rappion syynä olisi kauppiaskulttuurin näivettyminen tukahduttavan jähmeäksi valtarakenteeksi. Pikemminkin hän antaa ymmärtää, että kun Säätiö ottaa takapakkia, se ilmenee aina niin, että kauppiaiden asema heikkenee, ja asiat alkavat jälleen lutviutua silloin kun kauppiaat reipastuvat ottamaan ohjat. Syntyy mielikuva siitä että yhteiskunnallinen kehitys jämähtää Asimovilla kapitalismiin siinä missä teknisen kehityksen viimeinen vaihe on hänen maailmassaan atomiaika.

Sinänsä tämä on *Säätiön* universumissa perusteltuakin, koska Terminuksen ulkopuolella on loputtomat ~ Linnunradan kokoiset ~ markkinat, joista kauppiaat voivat valtailla omia nurkkiaan; mutta merkillistä on, että he eivät matkoillaan törmää mihinkään erityisen utopistisiin, sosialistisiin, kommunistisiin, anarkistisiin tai sellaista teetteleviin valtiojärjestelmiin. Sellaisia alkaa esiintyä vasta *Säätiö*-sarjalle myöhään kirjoitetuissa jatko-osissa, mutta niidenkään kekomielet ja latteat ekoutopiat eivät vakuuta ainakaan omaperäisyydellään ja kuuluvat esteettisesti aivan eri universumiin kuin alkuperäinen trilogia.

Jotain "proletariaatin" ja "monopolikapitalismin" konfliktin tapaista tulee kyllä näkyville *Kenraali*-novellin loppusivuilla, kun Lathan Devers vihjaisee hänenlaistensa kenttäkauppiaiden pitävän itseään sorrettuina ja paheksuu pääoman kasautumista suuryhtymiä johtavien kaupparuhtinaiden käsiin. Näitä tarinassa edustaa Sennett Forell, Hober Mallowin poika, joka jo tarinan alkupuolella julistaa pitävänsä itseään Säätiön tosiasiallisena hallitsijana riippumatta siitä, kuka pormestarin pallilla istuu.

Trilogian ensimmäisessä osassa Säätiön vastapelureina ovat uusfeodaalinen, militaristinen kuningaskunta Anakreon, teokraattinen Askone ja elinikäisen presidentin eli "kommodorin" (alkutekstissä termi on *commdor* eikä *commodore*) hallitsema näennäistasavalta Korell, jonka kanssa solmimallaan kauppasopimuksella Hober Mallow nousee suurliikemieheksi. Kaikki nämä valtiojärjestykset vaikuttavat turhankin vanhanaikaisilta ja helpoilta galaktiseen maailmaan, mutta koko alkuperäisen *Säätiö*-trilogian estetiikkaan kuuluu ajatus, että auringon alla ei pohjimmiltaan ole mitään uutta, vaikka aurinko olisi Maasta valovuosien päässä sijaitseva tähti, jota kiertää ihmissiirtokunta.

Askone (selittäväksi lisämateriaaliksi kirjoitetussa tarinassa *Kauppiaat*) kieltää Säätiön kauppasaksoilta ammatinharjoituksen alueillaan, koska valtaa pitävä pappishierarkia kammoksuu säätiöläisten ihmevimpaimia paholaisen keksintöinä. Tämän takaa kurkistavat ilmiselvät valtapoliittiset perusteet: atomikäyttöisiä laitteita seuraavat ennemmin tai myöhemmin säätiöläiset huoltomiehet, jotka ovat tietysti tekniikkauskonnon pappeja. Koska Säätiön atomikirkolla on tarjottavanaan oikeita, toimivia ihmeitä ja Askonen omalla papistolla vain loitsuja ja teologiaa, on selvää, kumpi voittaa, jos uskonnot joutuvat kilpasille. Kauppias Limmar Ponyets, joka on oikeastaan hälytetty paikalle pelastamaan Askonessa kuolemaan tuomittua säätiöläisagenttia, löytää kuitenkin heikon kohdan pappiseliitin panssarista (novelli ilmestyikin ensin nimellä *The Wedge* eli *Kiila*) avaten Askonen vapaakaupalle (ja siinä sivussa Säätiön uskonnolle) käytännössä lahjomalla ja kiristämällä.

Tällainen on tietysti omiaan herättämään epäluottamusta Säätiön vaikutusalueen reunoilla sijaitsevissa valtakunnissa, mutta sen ymmärtämiseen tarvitaan *Säätiö*-romaanin viimeisen luvun (*Kaupparuhtinaat*) sankari Hober Mallow – hän ei ole syntynyt Terminuksessa, vaan Smyrnossa, joka oli alkujaan yksi Säätiötä ympäröineistä kuningaskunnista: Anakreonin lähettiläs Anselm haut Rodric, joka *Säätiö*-romaanin alkupuolella saapuu neuvottelemaan Hardinin ja Pirennen kanssa, koettaa pelotella säätiöläisiä juuri Smyrnon sotilaallisella uhalla saadakseen heistä Anakreonille liittolaisia. Alusmaalaisen taustansa vuoksi Mallow ymmärtää, että uskontoperustainen hegemonia ei ole ajan pitkään järkevä tapa hallita imperiumia, jollainen Säätiöstä on hyvää vauhtia muodostumassa: hän haluaa käydä kauppaa kaupan vuoksi ja luoda siten kaikkia hyödyttäviä yhteistyösuhteita Terminuksen ja muiden planeettojen välille.

Siinä maailmassa, jossa Mallow elää, onkin näkyvissä kärjistyvä vastakohtaisuus uskonnollisten henkilöiden ja maallikkokoulutuksen saaneiden välillä – he tuntuvat elävän eri maailmoissa. Vanhaan uskontovaltaan nojautuva poliittinen harmaa eminenssi ja juonittelija Jorane "Käärme" Sutt ylipuhuu Hober Mallowin matkustamaan Korellin tasavaltaan vakoilureissulle; Mallowin kyytiin tuppautuu tällöin Jaime Twer, maallikkona ja kauppasveteraanina esiintyvä poliitikko, joka on todellisuudessa Suttin Mallowille määräämä pappiskoulutettu päällystakki eikä ole eläissään käynyt kauppaa edes napeilla. Twer onkin täysin ulalla sekä kauppiaiden työtavoista ja ammattietiikasta että Säätiön historian maallikoille opetetusta versiosta, jopa siinä määrin, että Mallow joutuu selittämään hänelle, mitä "Seldonin kriisi" tarkoittaa.

Sen enempää lukijalta kuin Mallowilta ei jää huomaamatta, että Korellin demokraattisuudellaan ja kansanrakkaudellaan kehuskeleva kommodori Asper Argo on todellisuudessa tyypillinen omahyväinen tyranni, galaktinen latinalaisamerikkalainen *caudillo*. Julman näköiset asemiehet vartioivat kansanjohtajaa kansalta, ja valtionpäämiehen virka-asuntokaan ei ole presidentinlinna, vaan sotilasdiktaattorin linnoitus. Edustusvaimonkin Argo on onnistunut hankkimaan, läheisen vielä vanhaan imperiumiin kuuluvan provinssin prinsessan, joka pitää miestään nahjuksena, pelottelee jatkuvasti tätä isäukollaan ja ylipäätään vaikuttaa siltä kuin häntä pitäisi kutsua "kommodoran" (!) sijasta *komentooraksi*.

Mallow löytää kuitenkin kommodorin kanssa yhteisen sävelen siinä, että heitä kumpaakaan ei Säätiön tapa levittää uskontoaan kaupan varjolla juuri hemaise, ja palaa kotiin kauppasopimuksen kanssa – sitoutuneena siihen, että Korellissa kauppa on kauppa ja uskonto uskonto, eikä näitä kahta asiaa kuulu sekoittaa toisiinsa. Tämähän ei miellytä "Käärme-Suttia" ollenkaan, vaan hän kääntyy äskeistä suojattiaan vastaan syyttäen tätä Säätiön kauppiaita velvoittavien kirjoittamattomien periaatteiden pettämisestä.

Kaupparuhtinaat-tarinan lukija huomaa Säätiön yhteiskunnassa mielenkiintoisia ristiriitoja: Jorane Sutt intoutuu puhumaan Mallowin smyrnolaisesta alkuperästä lähes rasistisin sanakääntein, ja kun "Käärme" saa mestarikauppiaan haastettua oikeuteen täysin poliittisin perustein, ilmenee, että Mallowin viittaus Seldonin kriisiin pitää sensuroida pois Terminuksen ulkopuolelle menevistä uutislähetyksistä, koska ne editoidaan uskonnollisen maailmankuvan mukaisiksi. Tällaisesta tilanteesta saisi aineksia kokonaiseen juonitteluja ja meheviä konflikteja pursuavaan romaaniin, ja *Kaupparuhtinaat* onkin trilogian ensimmäisen osan kiintoisin luku.

Säätiön omat sisäiset kiistat ratkeavat Seldonin haamun opastuksella kuitenkin aina turhan helposti. Vanhoilla päivillään (tarinassa *Pormestarit*) pormestari Hardin joutuu napit vastakkain esifasistisen oloisen "Aktivistipuolueen" kanssa, joka vaatii Säätiötä lopettamaan Anakreonin ja muiden lähikuningaskuntien avustamisen ja aseistamisen sekä rakentamaan sen sijaan oman avaruuslaivaston, jotta kuningaskunnat voidaan nujertaa massiivisella hyökkäyksellä, ennen kuin nämä iskevät Terminukseen. Anakreon osoittautuukin sotilaalliseksi uhaksi aktivistien pelkäämällä tavalla, kun kunnianhimoinen sijaishallitsija Wienis yrittää hyökkäystä Säätiöön. Ratkaisevalla hetkellä ilmenee kuitenkin, että Anakreonin papisto – joka hallitsee teknisellä osaamisellaan myös kuningaskunnan avaruussotalaivoja – on lojaalimpi uskontonsa Vatikaanille kuin oman maansa kreiveille ja kenraaleille, ja pappiensa yllyttämät sotilaat ennemmin nousevat kapinaan upseerejaan vastaan kuin pommittavat kaikkein pyhintä.

Aktivistipuolue lopahtaa käytännössä tähän ja joutuu myöntämään Hardinin politiikan olleen oikeaa. Tosin Asimov antaa ymmärtää, että puolueen nuori ja kiihkeä johtaja Sef Sermak keksii uusia tapoja pitää meteliä itsestään; sivulauseessa hänen sittemmin mainitaan panneen toimeen jonkinlaisen maareformin lähikuningaskunnissa niiden jouduttua lopullisesti Säätiön valtaan. Joku ehtiväisempi kirjailija olisi ehkä vaivautunut esittämään Aktivistipuolueen pitkäaikaisempana ja hankalampana uhkana Säätiön sisäiselle rauhalle, koska se olisi olemassaolonsa asiallisen oikeutuksen (Anakreonin uhan) menetettyäänkin yrittänyt sinnitellä politiikassa milloin minkäkinlaisilla tekosyillä puoluejäsenyyden muodostuttua itsetarkoitukselliseksi identiteetiksi.

Asimovin omaa yhteiskuntanäkemystä rasittaa kuitenkin sama ongelma kuin Seldonin psykohistoriaa: ylirationaalisen luonnontiedenörtin kykenemättömyys asettua sellaisten ihmisten asemaan, joita elämässä innoittavat aivan toisenlaiset asiat. Sekä kirjailija että hänen sankarinsa näkevät politiikan ennen muuta taloudellisten intressien yhteensovittamisena ja kilpailuna ~ myös Sermakin Asimov esittää pohjimmiltaan ymmärrettävästi naapurikuningaskuntien sotilaallisesta uhasta huolestuneena maanpuolustusmiehenä ja tämän typerämmät ja kiihkoilevammat kannattajat pelkkinä johtajansa kaikupohjina. Jos Asimovin kirjoista marxilaisvaikutteita hakee, niin ainakin hän kaikesta päätellen uskoo ihmisten toimivan rationaalisen intressiperustaisen harkinnan mukaan ~ sellainen ihmiskuva on Marxia jos mikä.

Tämä on yllättävää juuri amerikkalaiselta kirjailijalta (ja se naiivi usko kauppiaisiin ja kapitalismiin osoittaa Asimovin perimmäiseltä innoitukseltaan hyvin amerikkalaiseksi), koska Yhdysvaltain kahdesta suuresta puolueesta on mahdotonta enää sanoa, kenen rationaalisia etuja ajamaan ne alun perin ovat syntyneet. Esimerkiksi nykyään liberaalina kansalaisoikeuspuolueena esiintyvät demokraatit ajoivat pitkään etelävaltiolaisten rasistien asiaa liittovaltion politiikassa (kuten kaikki *Tuulen viemää* -romaanin lukeneet muistavat), etelän lohikäärmeen murskannut Abraham Lincoln taas oli republikaani. Asimovin puolustukseksi on toki sanottava, että hän koki teini-ikänsä *New Dealin* aikakaudella, joten hänen näkökulmastaan oli varmaankin luontevaa nähdä puolueet ennen kaikkea laajapohjaisten käytännön toimintaohjelmien toteuttajina, ei aatteellisina viiteryhminä saati sellaisina lähes kansallisuuteen tai etnisyyteen verrattavina samaistumiskohteina, joita ne monille amerikkalaisille taitavat nykyään olla.

Trilogian toisen osan jälkimmäinen tarina, *Muuli*, avautuu tilanteesta, jossa Säätiön vallan on napannut perinnöllinen dynastia: pääplaneettaa hallitsee jo kolmannessa polvessa Indbur-niminen pormestari, ja siinä missä isoisä on ollut julmuutensa ohessa osaava hallitsija ja isäukko on edes pystynyt olemaan julma, pojanpoika on vain päättämätön kamreerityyppi. Kauppiaat ovat taas kerran vapauden asialla eli valmistelevat vallankumousta Indburia vastaan, mutta päätyvätkin hänen liittolaisikseen, kun näyttämölle ilmaantuu odottamaton hahmo ~ Muuli.

Kenraali, Säätiön ja Imperiumin ensimmäinen tarina, osoittaa, että imperiumi ei pysty voittamaan Säätiötä: joko hyökkäystä johtaa kyvytön ja heikko sotapäällikkö, jolloin häviö on väistämätön, tai sitten komentopaikalle pääsee liian hyvä mies (kuten sekä strategina että henkilöjohtajana ylivertainen, joukkojensa vilpittömästi ihailema Bel Riose), jonka keisari teloittaa kesken sotaretken, koska pelkää voittoisien sotilaiden muuten kantavan rakastamansa kenraalin saman tien valtaistuimelle. Tämän kaiken Seldonin suunnitelma on tietysti ennustanut prikulleen, kuinkas muuten. Kenraalin tappion jälkeen Säätiö näyttää niin ikävystyttävän voittamattomalta ja haavoittumattomalta, että on hyvin ymmärrettävää, jos Asimov päätyy turvautumaan Muulin kaltaiseen jokerihahmoon, jotta tarinassa säilyisi jännitys.

Muuli on ruumiinvoimiltaan vähäpätöinen, mutta hengenlahjoiltaan ylivoimainen mutantti, joka kykenee telepaattisin keinoin voittamaan vastustajat puolelleen. Hän sysää Seldonin suunnitelman raiteiltaan, koska Seldonin matematiikka ei kykene varautumaan niin suureen ja odottamattomaan häiriötekijään. Samasta syystä Seldon on aikoinaan kieltänyt ketään Säätiössä opiskelemasta psykohistoriaa ~ hänen tieteensä ei nimittäin kykene käsittelemään sellaista tulevaisuutta, jossa kaikkialla on psykohistorian osaajia.

Kuten kirjasarjan edetessä ilmenee, Seldon on kyllä huolehtinut siitä, että psykohistoria tieteenalana säilyy, mutta se on jäänyt Toisen Säätiön salatieteeksi. Tämä Seldonin omien sanojen mukaan "Linnunradan toisessa päässä, Tähdenpäässä" sijaitseva laitos korjaa tarvittaessa suuren suunnitelman virheitä ja kykenee (trilogian kolmannen osan ensimmäisessä tarinassa *Muuli etsii*) voittamaan ja uudelleenohjelmoimaan jopa Muulin. Sen ylivoimaisuus huolestuttaa kuitenkin myös Säätiötä: Toinen Säätiö joutuu ensimmäisen uhkaamaksi ja päätyy valtaisaan harhautusoperaatioon (trilogian viimeinen tarina *Säätiö etsii*), jotta säätiöläiset luulisivat voittaneensa sen.

Toinen Säätiö on oikeastaan hyvin pelottava idea: sen agentit kykenevät tunkeutumaan ihmismieleen ja istuttamaan siihen ajatuksen tai mielipiteen, jota toimenpiteen uhri ei pidä itselleen vieraana. Säätiö-trilogiassa toissäätiöläiset kuitenkin tekevät sympaattisen vaikutelman: he ovat joukko lahjomattomia tiedemiehiä, jotka pelkällä olemassaolollaan herättävät turvallisuudentunnetta. Vaikka Asimov sarjan ensimmäisessä osassa esittääkin Lewis Pirennen kaltaiset vanhojen saavutusten laakereilla lepäävät tiedemiehet edistyksen esteenä (tässä voisi ehkä olla näkevinään nuoren lahjakkaan opiskelijan uhmaa professorijääriä kohtaan), loppupuolella hän tuntuu kallistuvan Toisen Säätiönkin edustaman asiantuntija- ja tiedemiesvallan kannalle (hän väitteli biokemian tohtoriksi jo 28-vuotiaana ja saattoi siinä vaiheessa pitää itseään luonnontieteellisen vakiintuneiston täysivaltaisena jäsenenä).

Pohjoismaisen kansansivistysaatteen näkökulma olisi, että psykohistoriaa ja tieteitä yleensäkin pitää opettaa mahdollisimman monille ja mahdollisimman laajalti, jotta kansalaiset voisivat vapautua ja valtautua historian passiivisista uhreista sen tekijöiksi. Asimov taas haluaa tiedemieselitistinä kieltää psykohistorian opettamisen massoille, jotta historia viime kädessä pysyisi sitä ohjaavan Toisen Säätiön hallinnassa ~ toisin sanoen seldonilaisessa psykohistoriallisessa katsannossa kansanjoukkojen aito, spontaani ja autenttinen tahto on nimenomaan tietämättömän ja tiedolla pilaamattoman väen tahtoa. Kansan ilmeisesti *kuuluukin* olla luonnontilaista, sivistymätöntä rahvasta, joka menee sinne minne vatsa tai pippeli vetää, jotta oikeat johtajat voisivat salavihkaa manipuloida tapahtumien kulkua. Tässä karkea elitismi yhdistyy Asimovilla mielenkiintoisesti yhtä brutaaliin populismiin, ja myös salaliittoajattelulla on asetelmassa osansa: kirjailijan mielestä historiaa säätävä salaliitto olisi nimittäin ilmeisesti *hyvä* asia vapauttaessaan meidät viimekätisestä vastuusta.

Säätiö-sarja ei varsinkaan alkupuolellaan kunnostaudu psykologisella syvällisyydellä ~ henkilöhahmot ovat enimmäkseen latteita ja puisevia eikä heitä ole tarkoitettukaan kuin Asimovin ideoiden kuvittajiksi ~ mutta Muulissa on jo kunnon yritystä kiehtovaksi pahikseksi. Hän on traaginen hahmo, joka kostaa maailmankaikkeudelle nuoruutensa nöyryytyksiä, mutta juuri siksi hän kykenee aika ajoin myös empatiaan ja reiluuteen heikkoja kohtaan. Kun Bayta Darell, Muulille vilpitöntä myötätuntoa osoittanut nuori nainen, joutuu seksuaalisesti uhatuksi, Muuli surmaa hengenvoimillaan raiskaajakandidaatin eikä osaa selittää tätä muuten kuin sanomalla, että miehen aikeet "häiritsivät" häntä.

Muuli osaa olla säälimätön silloin kun kokee olevansa uhattuna – hän tuhoaa kokonaisen planeetan asukkaineen luullessaan sitä Toisen Säätiön keskuspaikaksi – mutta mikään aatefanaatikko hän ei ole, lähinnä galaktinen Napoleon, mihin viittaa hänen pieni kokonsakin. Poliittisten vastustajien teloittamisen ja murhaamisen sijasta hän käännyttää heidät mieluummin puolelleen; toisaalta hän sietää lähipiirissään myös käännyttämättömiä, koska heidän mutkikkaat ja kurittomat sielunsa kiehtovat häntä – Muulillehan ihmisten tunteet ja mielenliikkeet ovat väreihin ja maalauksiin verrattavia esteettisiä elämyksiä. (Tätä heikkoutta hyväkseen käyttäen Toinen Säätiö onnistuukin soluttamaan oman agenttinsa hänen hoviinsa.) Hän katsoo valtauksillaan perustaneensa ennen aikojaan sen toisen imperiumin, johon Seldonin suunnitelma tähtäsi, eikä hän liioin pidä valtaamaansa Säätiötä tuhottavana vihollisena, vaan pyrkii edistämään entisestäänkin sen tieteellistä kulttuuria perustamalla uusia tutkimuslaitoksia.

Liikanimensä mukaisesti seksuaalisesti kyvyttömänä Muuli ei voi luoda omaa hallitsijasukua eikä kuningashuonetta: hänen virallinen tittelinsä on vain "ensimmäinen kansalainen", eikä mikään pompöösi palatsiloisto puhuttele häntä. Toisen Säätiön käännyttämisoperaation jälkeen hänen kerrotaan eläneen loppuikänsä kohtuullisen hyväntahtoisena ja oikeudenmukaisena hallitsijana, mutta tämä ei vaikuta miltään luonteenvastaiselta täyskäännökseltä – voi sanoa Muulin pikemminkin päässeen sopusointuun itsensä kanssa.

Vaikka koenkin olevani kovin kerettiläinen tämän sanoessani, olen itse sitä mieltä, että Asimov olisi voinut kirjoittaa lisää *Säätiö*-tarinoita ilmankin Muulia. Ehkä Bel Riosen tapaus todisti Säätiön olevan seldonilaisen historian väistämättömän suunnan ansiosta turvassa vanhan imperiumin riekaleilta ja muilta ennustettavilta ulkoisilta uhilta, mutta ei draama siihen olisi kuollut: sitä olisi aivan hyvin voinut rakentaa samoista aineksista kuin ensimmäisessäkin niteessä eli säätiöläisten keskinäisistä konflikteista. Lisäksi tietenkin Seldonin ennustaman anarkian puitteissa alueellisesti merkittäviä, Säätiötä uhkaavia hirmuvaltiaita olisi riittänyt ilman Muuliakin.

Hober Mallowin tarinassa uskontovallan ja kauppavallan vastakkainasetteluun yhdistyy kysymys siitä, kuka saa olla säätiöläinen ja kuka tai ketkä oikeastaan ovat Säätiö. Sitä mukaa kun Säätiö luo omaa imperiumiaan ja sen vaikutus- tai valtapiiriin joutuu uusia planeettoja, näiden asukkaat vaativat tasavertaista mahdollisuutta vaikuttaa pääkallonpaikan poliittisiin linjauksiin. Toisaalta ydinalueiden asukkaat tietenkin vierastavat tätä kehitystä, saattavatpa jopa nähdä sen uhkana Seldonin suunnitelman toteutumiselle – koska on selvää, että suunnitelmasta kehittyy nationalistisen ylpeyden aihe niin hyvällä kuin huonollakin tavalla.

Kun kauppiaat suunnittelevat kapinaa pormestari Indburia vastaan, he kutsuvat vihollistaan Säätiöksi. Lukijalle on sekä ensimmäisen niteen että edellisen novellin perusteella kuitenkin selvää, että nimenomaan nämä vallankumoukselliset ovat Seldonin suunnitelman kannalta Säätiö, tai Säätiön parhaiden perinteiden jatkajia. Yhtä ilmeistä on, että lahjaton mutta itsepintainen Indbur ei suinkaan luovu nöyrästi vallastaan saati sitten usko Seldonin haamun olevan kauppiaiden puolella. Tappeluksen tynkää ja suurta draamaa olisi siis näillä eväillä ollut luvassa ilman Muuliakin.

Ehkä Asimov turvautui Muuliin, koska arveli tarinasta muuten tulevan liian ilmeinen toisinto *Kaupparuhtinaista* – pormestari Indbur samassa roolissa kuin vanha uskontovalta ja Jorane Sutt, kauppiaat taas ammattikuntansa sankarin, Hober Mallowin perillisinä. Asimovin kertojan taidot olivat kuitenkin trilogian ensiosan jälkeen kehittyneet siinä määrin, että tällainen uusintaottelu olisi hyvinkin ollut vaivan väärti. Voi toki olla, että kauppiaiden uusi voitto olisi kirjailijan omastakin mielestä ollut liian helppo ja ilmiselvä ratkaisu; toisaalta taas Seldonin suunnitelma ei olisi taipunut Indburin puolelle, koska kirjailija oli ehtinyt jo yksiselitteisesti kirjoittaa hänestä edistyksen tulpan. Itse asiassa lukijaa ihmetyttää koko Indbur pormestarin pallilla. Kun Säätiössä mikään ei tapahdu Seldonin haamun sallimatta, mihin historia oli tarvin-

nut Indburien dynastiaa – säätiöläisiä kurittavaksi Jumalan ruos-
kaksiko?

Säätiö on joltisenkin kovan tieteiskirjallisuuden maineessa,
mutta se on pohjimmiltaan melko avaruusoopperamainen viritys.
Esimerkiksi Einsteinin suhteellisuusteoria on kokonaan jätetty sen
maailman ulkopuolelle, koska suuresta tähtienvälisestä imperiu-
mista on vaikea kirjoittaa kuin suuresta maanpäällisestä imperiu-
mista, jos pitää koko ajan ottaa huomioon ajan suhteellisuus ja
relativistiset ilmiöt. Tietämistäni tieteiskirjallisuuden klassikoista
vain Ursula K. Le Guin on vakavissaan pyrkinyt yhdistämään
avaruusimperiumit suhteellisuusteorian asettamiin rajoituksiin ja
luomaan tästä lähtökohdasta juonikuvioita.

Tyypillisessä avaruusoopperassa turvaudutaan johonkin suh-
teellisuusteorian kieltämään taikatemppuun – tavallisesti hypera-
varuus- tai poimuajoon, jolla mennään esimerkiksi jonkinlaisen
neljännen ulottuvuuden kautta oikotietä lukuisien valovuosien
päässä olevaan kohteeseen. Le Guinilla tätä ei esiinny, mutta hän-
kin kyllä hairahtuu ottamaan käyttöön ansibelin, kommunikaa-
tiovälineen, jonka avulla aineetonta informaatiota voidaan välit-
tää ilman viivytystä tähtitieteellisen pitkien matkojen päähän
(Asimovilla on vastaavasti puhetta "ultra-aaltoviesteistä" ja
"ultra-aaltoreleistä", jotka mahdollistavat viipymättömän viestin-
nän). Tämä rikkoo nimittäin suhteellisuusteorian asettamia rajoi-
tuksia yhtä pahasti, ellei pahemmin, kuin aineellisten avaruusalus-
ten valoa nopeampi matkustelu. Tarkkaan ottaen fysiikka nimit-
täin ei kiellä esimerkiksi hyvin kaukaisia kohteita liikkumasta
vaikka kuinka moninkertaisella valonnopeudella meidän suh-
teemme, kunhan *tieto* siitä ei saavuta meitä valoa nopeammin.

Säätiö-kirjoissa valoa nopeammat avaruusalukset ovat yksin-
kertaisesti "atomikäyttöisiä" ja Einsteinin panee viralta "ato-
miikka", jota Asimovin kielessä käytetään vastaansanomattomana
taikasanana. Naiivi usko ydinenergian kaikkivoipaisuuteen oli osa
Atomic Café -aikakauden ajattelua, nykyään sitä vastoin tie-
dämme paremmin, mitä ydinvoimalla ja radioaktiivisuudella voi
tehdä (räjäyttää maailman, parantaa tai aiheuttaa syövän, tuottaa
sähköenergiaa, saastuttaa paikkoja ja varmasti myös lentää ava-
ruudessa kunnioitettavalla, mutta valoa hitaammalla vauhdilla)

ja mitä sillä varmasti ei voi tehdä (lentää valoa nopeammin). *Säätiö* onkin nololla tavalla kirjoitusepookkinsa mukainen amerikkalainen maailma, kun siinä tarinahenkilöt vielä kymmenien vuosituhansien päässä tulevaisuudessa pitävät ydinvoimaa suurenmoisena keksintönä ja siitä luopumista ratkaisevana merkkinä teknisen sivilisaation rappiosta. Jos Asimov kirjoittaisi teoksensa tänään, hän luultavasti panisi avaruusaluksensa lentämään jonkin paljon ydinvoimaa eksoottisemman ja mielikuvituksellisemman energianlähteen voimin.

Vaikka panemmekin epäuskon naulaan, kuten tieteis- ja fantasiakirjallisuutta lukiessa kuuluu tehdä, tuntuu häiritsevältä ja epäloogiselta, että planeettojen jäädessä sivuun galaktisesta valtavirrasta ja irtautuessa linnunradan imperiumin pääpaikan, Trantorin, vallasta atomikäyttöiset avaruuslaivat pysyvät yleensä käytössä ja toiminnassa. Siinäkin tapauksessa että uskomme atomivoiman mahdollistavan valoa nopeammat avaruusmatkat, on selvää että tarvitaan aika paljon perus-Einsteiniä mutkikkaampaa fysiikkaa sellaiseen kykenevän voimakoneen valmistamiseen. Äkkinäinen pitäisi loogisempana, että aivan ensimmäiseksi tieteen ja insinööriosaamisen rappio saisi juuri avaruusliikenteen lopahtamaan, ydinvoimalat voisivat hyvinkin pysyä käynnissä pitempään.

Tässä kohtaa Asimovin, ellei peräti Seldonin, haamu muistuttaa, että tokihan sellaiset tekniset vehkeet pidetään kunnossa, joilla on merkitystä talouden perusrakenteiden kannalta. Epäilemättä näin on, mutta jo *Säätiön* toisessa tarinassa *Ensyklopedistit* hän kertoo suoraan, että Terminuksen kauppayhteydet galaksin sisemmille alueille ovat katkeamassa: pormestari Hardin murehtii, tuleeko Vegasta koskaan seuraavaa avaruuskauppalaivaa tuomaan hänen lempitupakkaansa. Luulisi eritoten imperiumista syrjään jääneillä reuna-alueilla olevan paljon yksinäisiä maailmoja, joille Säätiön kauppiaat ovat vuosikymmeniin ensimmäinen yhteys muihin planeettoihin; mutta jopa *Kauppiaat*-tarinan atomitekniikkaa karsastavilla askonelaisilla on käytössään vanhoilta hyviltä ajoilta perittyjä avaruusaluksia. Herää kysymys, kuinka ikuinen radioaktiivinen latinki niissä on, kun ne jaksavat toimia vielä kauan sen jälkeen kun varaosia ja polttoainetta ei enää saa mistään.

Mihin energiaan galaksissa turvaudutaan, kun atomivoima unohtuu? Asimovilla on tähän yhtä suora kuin älytönkin vastaus: öljyyn ja hiileen, tai ainakin näin yksi hänen henkilöistään arvelee. Hyvä on, sovitaan että fossiilisiin polttoaineisiin, mutta kymmenien tuhansien vuosien päässä tulevaisuudessa "öljy" ja "hiili" tuskin ovat edes käsitteinä mielekkäitä. Kyllä biokemian tohtori Asimovin pitäisi tulla ajatelleeksi sitä, että "öljyä" ei välttämättä ole meille tuttuna tuotteena olemassa muilla planeetoilla, vaikka epämääräisesti samansuuntaisella tavalla muodostuneita hiilivetyesiintymiä ehkä onkin; myös "hiili" tarkoittaa jopa meillä Maassa monia eri asioita ruskohiilestä antrasiittiin, hiili-nimisestä alkuaineesta puhumattakaan. Jollain planeetalla tärkein tai luonnosta runsaimmin saatava hiilivetypolttoaine saattaisi muistuttaa eniten vaikkapa turvetta.

Tämä moite ei ole kohtuuton siksikään, että samalla varhaiskaudella kirjoittamassaan, *Säätiön* maailmankaikkeuteen sijoittamassaan romaanissa *Avaruuden merivirrat* Asimov kykenee kehittämään juuri vieraan planeetan outoon biokemiaan perustuvan juoni-idean ja muokkaamaan sen pohjalta hyvinkin toimivan avaruusdekkarin. Tarinan ytimessä on *kyrt*, monikäyttöinen ja kallisarvoinen kuitu, joka kasvaa vain Florinan planeetalla ~ kuten eräs romaanihenkilöistä toteaa, kyrt on kyrtiä vain Florinalla, muualla se on pelkkää selluloosaa. Selluloosaahan on myös puuvilla, ja kyrtiä viljelläänkin kuin puuvillaa ennen vanhaan Yhdysvaltain etelävaltioissa: Florinan asukkaat raatavat maaorjina Sarkin planeetan ylimysten alaisuudessa.

Itse asiassa kyrtin ominaisuudet johtuvat Florinan aurinkona toimivan tähden spektristä ~ näihin taas on syynä "avaruuden merivirta", tarkemmin sanoen hiiliatomien virta, joka muuttaa sekä tähden säteilemän valon ominaisuuksia että kiihdyttää ydinreaktioita, niin että tähti saattaa millä hetkellä tahansa räjähtää novaksi. Nykyään tällaisiin virtoihin ei tähtitieteessä enää uskota ollenkaan, mutta sehän ei Asimovin romaania ole pilannut. Avaruuden virtoja tutkiva "avaruusanalyytikko" saa selville kyrtin salaisuuden, mutta tietenkään Sarkin yliherrat eivät ole ilahtuneita asiasta: heidän planeettansa talous romahtaa siihen paikkaan, jos koko galaksi oppii valmistamaan kyrtiä, eikä sekään oikein nappaa, että Florinan asukkaat joudutaan evakuoimaan turvaan ennen kuin tähti räjähtää.

Tietenkin tilanteeseen liittyy suurvaltapolitiikkaa: se samainen Trantor, joka *Säätiö*-romaanisarjan alussa hallitsee koko Linnunrataa, on tässä romaanissa vasta nousemassa alueellisesta suurvallasta koko galaksin tasoiseksi pelaajaksi ja havittelee Sarkia oman planeettakuntansa jatkoksi. Koska hajottaminen on hallitsemista, Trantor tukee Florinan toisinajattelijoita ja näiden kapinapyrkimyksiä.

Parasta *Avaruuden merivirroissa* on kuitenkin tapa, jolla Asimov osaa kertoa tarinansa: juoni keriytyy vähitellen auki ja suurpoliittisetkin yksityiskohdat selviävät yksittäisten ihmiskohtaloiden kautta. Varsinaisten päähenkilöiden lisäksi tärkeä hahmo on "edusmies", josta ei käytetä muuta nimeä: hän on kouluttautunut florinalainen, joka toimii kylänvanhimman tai oltermannin tyyppisenä paikallisena hallintomiehenä – eli käytännössä Sarkin agenttina – kotiplaneetallaan. Florinalaisten intellektuellipiireissä Sarkissa hän on rohjennut esittää kielletyn kysymyksen, eikö Trantor – jota hänen opiskelukaverinsa ihannoivat vapauttajana – kuitenkin tulisi vain Sarkin tilalle paljon mahtavampana ja sortavampana yliherrana. Tästä hyvästä hänet tietysti on potkittu pellolle niistä porukoista, ja menetettyään toivon paremmasta hän on palannut sille tielle, jonka Sarkin herrat ovat varanneet hänenlaisilleen.

"Edusmies" on itse asiassa yksi Asimovin tarinoiden *venäläisimpiä* hahmoja. Esimerkiksi tsaarivallan myöhäisaikoina Venäjä on varmasti ollut täynnä hänenlaisiaan: nuoruudessaan romanttisia vallankumouksellisia, mutta keski-ikäistyttyään illuusionsa menettäneitä ja vallanpitäjien käsikassaroiksi alistuneita, jotka ehkä halveksivat palvelemaansa valtaa, mutta uskoivat vallankumouksen mahdollisuuteen vielä vähemmän. Myös florinalaisten maanalaiset toisinajattelijapiirit saavat ajattelemaan niin Venäjää kuin Neuvostoliittoakin – tekisi mieli epäillä, että Asimov on saanut niihin idean venäjänjuutalaisen siirtolaisen alitajunnastaan tai – kamala sana – *sensibiliteetistään*.

Kuinka venäläinen Asimov sitten oli? Hän puhui äidinkielenään jiddišiä, ei venäjää eikä valkovenäjää (hänen syntymäpaikkansa oli nykyisen Venäjän puolella, kivenheiton päässä Valko-Venäjän rajalta), ja hänen perheensä muutti Venäjältä Yhdysvaltoihin niin varhain, ettei hän ehtinyt oppia synnyinmaansa valtakieltä ollenkaan. Häntä on siis pidettävä ennen muuta amerikkalaisena kirjailijana: kun hänen kirjansa ilmestyvät venäjäksi käännettyinä, hänen nimensä painetaan kanteen aina englannin ääntämyksestä translitteroidussa muodossa *Aizek Azimov* (*Айзек Азимов*), ei *Izaak Ozimov* (*Изаак Озимов*), joka olisi nimen alkuperäinen venäläinen kirjoitusasu. Asimov oli hyvinkin tyypillinen juutalaistaustainen amerikkalainen intellektuelli, ja hän kirjoitti ainakin yhden juurten ja suvun tärkeyttä painottavan, korostetun juutalaisaiheisen novellin nykyamerikkalaisen kohtaamisesta rabbiiniesi-isänsä kanssa, *Unto the Fourth Generation*; mutta venäläisyyttä hänen teoksistaan on vaikea löytää.

Vaikka hänen sukunsa tuntuu olleen hyvinkin uskonnollinen, jo hänen isänsä oli aika maallistunut, ja pojasta polvi paheni tai parani vieläkin enemmän: Asimov ei varsin tylyssä ateismissaan kunnioita omienkaan esi-isiensä uskoa. Eräässä *Säätiö*-trilogian myöhäisistä jatko-osista hän esittelee uskonnollisen alakulttuurin, joka itse asiassa on mitä ilmeisin pilakuva ortodoksijuutalaisuudesta: naiset ovat alisteisessa asemassa, ja uskovaiset lukevat salattua pyhää kirjaa, joka on kirjoitettu kadonneella muinaiskielellä (vrt. Vanhan Testamentin heprea), mutta joka ~ kuten osoittautuu ~ sisältää pelkästään tarinoita provinsiaalisista avaruussodista Trantorin imperiumia edeltävältä ajalta (tästä taas tulevat mieleen Vanhan Testamentin historiakirjat). Myös yhteisön yksipuolinen elinkeinorakenne ~ se tuottaa sienipohjaista ravintoa trantorilaisille ~ voidaan ymmärtää viittauksena juutalaisiin, jotka sekä uskonnollisten tabujen että antisemitististen ammatinharjoituskieltojen takia joutuivat erikoistumaan tietyille aloille.

Perinneammattia harjoittavan, yhteiskunnan ulkopuolelle karkotetun ihmisryhmän tapaamme myös novellissa *Strikebreaker* ~ en tiedä, onko sitä suomennettu, mutta otsikko tarkoittaa tietysti "Lakonmurtajaa" tai "Rikkuria". Siinä Elsevere-nimisen, ontoksi koverretun ja ihmissiirtokunnaksi asutetun asteroidin koko jätehuolto on Ragusnik-nimisen suvun hallussa, mutta koska jätteet kuvottavat ajatuksenakin elsevereläisiä, kaikkia Ragusnikeja pidetään saastaisina ja heidät eristetään omille asuinalueilleen. To-siasiassa Elseveren jätehuolto on tietysti koneistettu, eivätkä Ra-gusnikit joudu koskemaan mihinkään sen likaisempaan kuin sää-tövipuihin sun muihin ruoreihin: kyseessä on siis ennen kaikkea rituaalinen tabu ilman järkisyytä.

Kun jätehuoltoperheen pää Igor Ragusnik (mikä geneerisen itä-eurooppalainen nimi!) julistaa lakon vaatien lapsilleen oikeutta päästä pois eristyksestä, koko Elsvereä uhkaa tuho, koska yksi-kään perheeseen kuulumaton ei tabukiellon vuoksi voi kääntää jätehuoltokoneistoa uudelleen päälle. Tällöin Elsevereen Maasta saapunut sosiologi Steven Lamorak suostuu vierasplaneettalai-sena tekemään tarvittavat säädöt. Hän on se lakonmurtaja, johon novellin nimi viittaa.

Ragusnik on Lamorakiin kuvapuhelinyhteydessä rikkurityön ai-kana, jolloin Lamorak puhuu hänelle ylevän optimistisia: ehkäpä hän ei vielä pääsisi ihmiseksi ihmisten joukkoon, mutta jätehuol-tolakko olisi joka tapauksessa merkittävä askel Ragusnikien emansipaation historiassa, jonka tulevat elseveräläissukupolvet muistaisivat pitkään. Tarinan lopussa nämä puheet polttavat sa-penkarvaina Lamorakin suussa, koska tabunrikkojana hänestä it-sestään on tullut eräänlainen Ragusnik, jolla ei enää ole Elseve-reen asiaa. Hänet karkoitetaan kotiplaneetalleen, ja hän saa as-teroidin hallitukselta jopa kehotuksen välttää altistamasta Maahan matkustavia elseveräläisiä epäpuhtaudelleen.

Sekä *Avaruuden merivirroissa* että *Strikebreakerissa* Asimov osoittaa eläytyvää kiinnostusta yhteiskuntaoloihin ja sosiologiaan ~ paljon eläytyvämpää kuin *Säätiö*-trilogiassa, jonka koko perus-idea on oikeastaan yhteiskunnan latistaminen yksinkertaisiksi kaa-voiksi, niin että historiaan, kulttuuriin, humanismiin ja kieliin ei tarvitse kiinnittää mitään huomiota ~ ne on jo muutettu matema-tiikaksi ja merkitty laskuihin. Varmaankin juuri siksi *Säätiö* nauttii tieteiskirjallisuutta lukevissa, humanistisia tieteitä vihaavissa insi-nööri- ja matemaatikkopiireissä suurempaa arvostusta kuin sel-västi paremmin kirjoitettu, jos kohta epäuskottavaan lässähdyk-seen loppuva *Avaruuden merivirrat*.

Säätiö ei myöskään ole mikään varsinainen teknoutopia, kuten jo ydinvoima-asiassa tuli todettua. Kirjoitusajankohta näkyy ydinvoiman lisäksi siinäkin, että nuori tiedenainen Bayta Darell polttaa savukkeita – tupakoiva nainenhan oli viime vuosisadan puolessavälissä emansipaation symboli, mutta olisiko kuitenkin kannattanut keksiä savukkeen tilalle jotain muuta? Muinaisessa Egyptissä, joka on ajallisesti meitä lähempänä ("vain" noin neljän vuosituhannen päässä) kuin Asimovin kuvaama tulevaisuus, nuuhkittiin leikkokukkia, ja Asimovkin olisi ehkä voinut keksiä jonkin tietyltä planeetalta kotoisin olevan kasvin, joka olisi rauhoittavan tuoksunsa vuoksi levinnyt koko galaksiin kulutushyödykkeeksi (toki tällainen idea olisi saattanut kompastua huumehysteriaan esimerkiksi kokaiinimielleyhtymien vuoksi).

Nykyisistä avaruusoopperakirjailijoista esimerkiksi Lois Mc-Master Bujold selittää omien barrayarilaistensa vanhanaikaiset ja mahtipontiset tavat sillä, että heidän aikoinaan feodaalisuuteen taantunut planeettansa on vasta hiljattain palannut avaruuslentojen ja galaktisten yhteyksien maailmaan, vieläpä hyvin traumaattisella tavalla geenimanipuloinnin mestareina tunnettujen cetagandalaisten hyökätessä planeetalle. Barrayar on nimittäin romahtanut maatalousyhteiskunnaksi muinaisen ydinsodan jälkeen, joka on myös jättänyt barrayarilaisiin syvän epäluulon kaikenlaisia geenitekniikkakokeiluja kohtaan, koska säteilymutaatioiden pelko on saanut heidät vaalimaan omien perintötekijöidensä puhtautta lähes rasistisesti. Vaikka Bujold on hyvin viihteellisen kirjailijan maineessa ja vaikka Vorkosigan-romaanit eivät ole vain avaruus-, vaan myös (ja ennen muuta!) saippuaooperaa, niissä on sentään vaivauduttu sekä selittämään kuvatun yhteiskunnan arkaaiset piirteet että nostamaan ne tarinoiden teemaksi. Paljon vakavamielisempänä pidetty Asimov ei moiseen vaivaudu ainakaan *Säätiö*-trilogiassa.

Taustalla voi toki olla tietoinen päätös, samanlainen kuin novellissa *Yö saapuu* (*Nightfall*), joka sittemmin ilmestyi Robert Silverbergin romaaniksi laajentamana myös suomeksi – novelliversio on tiiviydessään paljon vaikuttavampi, ja sitä onkin luonnehdittu yhdeksi tieteiskirjallisuuden pyhistä teksteistä, ehkä parhaaksi koskaan kirjoitetuksi scifinovelliksi. (Asimov itse ei ilahtunut tästä suitsutuksesta, koska novelli ilmestyi hänen uransa alkuvaiheessa, eikä häntä erityisesti hemaissut ajatella, että siitä lähtien kaikki oli ollut pelkkää alamäkeä.) Novelli kuvaa monitähtistä aurinko-kuntaa, jonka asutulle planeetalle, Lagashille (romaanissa Kal-gash) yö laskeutuu vain kerran kahdessa vuosituhannessa. Tällöin sivilisaatio joka kerta romahtaa, kun kansat joutuvat kauhun val-taan ja sytyttävät tuleen kaiken käden ulottuville osuvan valoa saadakseen.

Yö saapuu on Asimovin vanhimpia novelleja – hän kirjoitti sen jo 1940-luvun alussa – mutta siihen sisältyy useampi kuin yksi osuva oivallus yöttömän sivilisaation luonteesta: esimerkiksi se, että klaustrofobia on kuvatun maailman näkökulmasta sama asia kuin pimeän pelko (koska pimeys assosioituu lagashilaisten mie-lessä suljettuihin sisätiloihin – ulkonahan ei koskaan ole pimeää) tai se, että tähtien ilmaantuminen yötaivaalle on lagashilaisten mielenterveydelle suurempi järkytys kuin pimeys (koska he eivät ole koskaan aiemmin joutuneet epäilemäänkään maailmankaik-keuden olevan suurempi kuin heidän oma aurinkokuntansa).

Asimov korosti kirjoittaneensa Lagashin asukkaat tietoisesti ih-mismäisiksi: tarinassa oleellisinta on pohtia, miten yö ja tähdet vaikuttaisivat meihin itseemme jos ne olisivat arjessa tuntematon ilmiö, jolloin sen henkilöhahmoista oli mielekästä tehdä hyviä sa-maistumiskohteita ihmislukijoille ja jättää yhteiskuntarakenne ja tekniikka suunnilleen samalle tasolle kuin se nykymaailmassamme on. Tämä on aivan perusteltu päätös; mutta Säätiö sijoittuu juuri tämän meidän ihmislajimme kaukaiseen tulevaisuuteen, ja juuri siksi kuuluisi asiaan miettiä myös tekniikan muutoksien aiheutta-mia moraalin ja tapojen murroksia.

Sekä arkitekniikan että vaikkapa seksuaalimoraalin tasolla Sää-tiön maailma jää häiritsevän vanhanaikaiseksi. Jo nelikymmenlu-vulla parinvaihto- ja orgiamiehenä ilmeisesti yksityiselämässään-kin kunnostautunut Robert A. Heinlein meni seksipuolella paljon pitemmälle: vaikka hän olikin kovapintainen militaristi ja macho-mieheyden palvoja, hänen kirjansa – vallankin romaani Stranger in a Strange Land, jota yllättävää kyllä ei ole suomennettu, tai Kuu on julma, jossa ryhmäavioliitot esitetään luontevana osana Kuun asukkaiden arkielämää – innoittivat merkittävässä määrin hippiaikakauden seksuaalista vapautumista. Niinkin varhaisessa teoksessa kuin pitkässä novellissa – tai pienoisromaanissa – If

This Goes On (jonka suomennos ei osaa päättää, onko se nimeltään *Näin ei voi jatkua* vai *Näin ei saa jatkua*) Heinlein uskaltautuu kyseenalaistamaan romanttisen prinsessanpelastustarinan konventiot: nuorukainen liittyy vallankumousliikkeeseen vain vapauttaakseen yksinvaltiaan haaremiin kaapatun tyttönsä, mutta lemmitty osoittautuu tyhjäpäiseksi pissikseksi, joka menee toiselle miehelle oikkunsa mukaan, ja lohdutukseksi sankari solmii suhteen reippaan ja seksuaalisesti aktiivisen vallankumouksellisen naisen kanssa. Siihen aikaan tämä oli kohtuullisen radikaalia varsinkin suuren osan tuotannostaan nuorille suunnanneelta kirjailijalta.

Säätiö-sarjassa naiset ovat aluksi näkymättömiä, sitten tavataan Bayta Darell, joka on nuori vaimo mutta samalla itsenäinen tutkija, ja sarjan viimeisessä tarinassa pääosassa on hänen pojantyttärensä Arcadia, tai "Arkady", kuten hän haluaa itseään kutsuttavan. Arcadia on sympaattinen, mutta realistisesti hahmoteltu teinineitokainen: tapa, jolla hän mankuu luokkansa nörttipojalta tämän omatekoisen kuuntelulaitteen lahjaksi omiin vakoilutarpeisiinsa, on parilla lauseella kuvattu niin osuvasti, että on pakko nauraa. Kirjailijalla näkyy olleen omat kokemuksensa siitä, miltä tuntuu olla tyttöjen simputtama ja hyväksikäyttämä lukioälykkö.

Arcadian tarinassa huomiota kiinnittää myös konttoritekniikan matala taso. Säätiössä, jossa kyetään rakentamaan valoa nopeampia avaruuslaivoja ja henkilökohtaisia atomitykeiltä suojaavia energiakenttiä, lukiolaisten suurin villitys on puheen kirjoitukseksi muuttava sanelukone. Siis vasta kymmenien tuhansien vuosien päästä puheentunnistus etenee sellaiselle tasolle, jossa tähän kyetään? No, klassinen tieteiskirjallisuus toki iski harhaan monella tavalla, ja sen perusvirhe oli, että avaruustutkimuksen ja avaruuden asuttamisen oletettiin etenevän hyvinkin nopeasti, sitä vastoin tietokoneiden laskentakapasiteetin paisumista ja tietotekniikan arkipäiväistymistä nykyiselleen oikein kukaan ei osannut odottaa.

Tekniikan epäjohdonmukainen kehittymättömyys tuntuu häiritsevältä myös Muulin valtaannousun yhteydessä. Siinä missä 1900-luvun diktaattorit pitivät suuret kansanjoukot takanaan joukkoviestimien avulla, Muuli pystyy säätämään ihmisiä kannattajikseen vain lähietäisyydeltä: hänen ainoa varsinainen tekninen apuvälineensä on soitin, jota rämpyttämällä hän pystyy suuntaamaan voimansa kaikkien kuulijoiden tunteisiin, mutta sitäkään hän (tai Asimov) ei hyödynnä johdonmukaisesti. Hänen valtansa perustuu ennen muuta yksittäisten avainhenkilöiden aivopesemiselle, ei suurten joukkojen. Tämähän on aivan käsittämättömän tehotonta, puhumattakaan siitä, että se altistaa Muulin yksinvallan kapinoille ja kansannousuille.

Mutta ehkä tässäkin pilkistää Asimovin elitistinen yhteiskuntanäkemys: hänen mielestään avainhenkilöiden käännyttäminen riittää. Kuten hänen brutaalimpi kollegansa Heinlein sanoisi, kaikki ihmiset ovat joko susia tai lampaita, ja vallanpitäjän tarvitsee vain kesyttää sudet omiksi lammaskoirikseen, lampaat kyllä seuraavat. Ehkä sama elitismi on taustalla myös siinä, ettei Asimov hirveästi vaivaudu pohtimaan tietotekniikan vaikutusta tavallisten ihmisten arkeen tai vaikkapa konttorikäytäntöihin. Hänelle tulevaisuuden arki on lähinnä nykyarkea, joka vain on kuorrutettu "atomiikalla": *Säätiö*n maailman toimistoissa käytettäisiin luultavasti vieläkin rei'ittäjiä, mutta niiden toiminta perustuisi atomikäyttöiseen kuolemansäteeseen, joka käristää paperiin aukon.

Pohjimmiltaan Asimov ei *Säätiö*-romaaneissa keksi mitään uutta: hänen kirjansa ovat sitä, mitä James Blish (meillä vähänlaisesti tunnettu klassikko, jolta ilmestyi yksi suomennettu romaani silloin kun Tähtitieteellinen yhdistys Ursa vielä julkaisi tieteiskirjoja) on kutsunut smörppikirjallisuudeksi. Tällä Blish sanoi tarkoittavansa kirjaa kaniineista, jossa kaniineja kutsutaan smörpeiksi (*smeerp*) ~ eli siis tarinaa, joka on kuvailevinaan kaukaista utooppista tulevaisuutta, mutta jossa kerrotaan joko lukijoiden omasta ajasta tai heille koulukirjoista ja klassikoista tutuista historiallisista aikakausista tieteiskuorrutuksella vieraannuttaen, esimerkiksi kutsumalla purjelaivaa avaruusalukseksi, valtamerta avaruudeksi, heittokeihästä atomipistooliksi tai tosiaan kaniineja smörpeiksi. Asimovin galaktinen eepos sopii kuvaan mainiosti, tosin siinä ei sentään esiinny yhtään kaniinia, ei edes smörppiä.

Smörppikirjallisuus tietysti puhuttelee insinööritieteistä innostuneita teininörttejä, joille arjen lisääntyvä teknillistäminen on tavoite ja arvo sinänsä. Muistan erään tämäntyyppisen nuorukaisen viritelleen joskus 2000-luvun alussa netin pulinaryhmissä keskustelua siitä, olisiko mahdollista kehittää hyttysiä lasersäteellä ampuva torjuntalaite ~ trollikulttuuri oli silloin vielä lapsenkengissään, joten kyseinen naiivi pojankloppi ei tosiaankaan ollut leikinpäiten liikkeellä. Ajatukselle on helppo nauraa, mutta Asimovin *Säätiö*ssä esiintyy presiis yhtä typeriä ideoita, kuten ydinvoimakäyttöinen (hohhoijaa) jätekuilu, joka hajottaa roskat, kuten sikarintumpit, tietenkin atomeiksi (kukapa olisi arvannut).

Biokemisti Asimovilta olisi voinut jo ennen Rooman klubin, kasvun rajojen ja kierrätyksen aikakautta odottaa, että Terminuksen köyhällä ja karulla planeetalla olisi nimenomaisesti kielletty moinen haaskaava jätehuolto, varsinkin kun hän *Strikebreaker*-novellissa osasi nostaa jätteiden jälleenkäsittelyn suorastaan tarinan yhdeksi teemaksi. Varsinkaan typpipitoisia molekyylejä ei luulisi kannattavan pirstoa alkuaineikseen, koska alkuainetypen sitominen yhdisteisiin on hankalaa ja energiasyöppöä touhua. Pikemminkin Säätiön olisi pitänyt kehittää geenimanipuloituja täsmämikrobeja räätälöityine entsyymeineen, jotka lohkovat vaikkapa juuri sikarintumppien sisältämistä mutkikkaista orgaanisista yhdisteistä teollisuuden raaka-aineiksi soveltuvia, monikäyttöisiä pienehköjä tai keskisuuria molekyylejä. Mutta tämäkin taitaa liittyä kirjoittamisajankohdan ilmapiiriin: atomit olivat siihen aikaan niin iso juttu, ettei edes alan mies älynnyt pohtia biokemian ja geenitekniikan tulevia mahdollisuuksia.

Jos vertaan Asimovia tieteiskirjallisuuden isäksikin mainittuun Jules Verneen, päädyn pitämään ranskalaista osaavampana kynämiehenä. Toki tällainen kilpailuttaminen ei tee oikeutta kummallekaan herralle. Vernellä ei ollut takanaan luonnontieteellisiä opintoja, vaan hän oli vastentahtoinen juristi, isänsä käskystä lakialalle kouluttautunut. Tieteellisen tietämyksensä hän hankki mistä hankki, luultavasti ennen muuta sanomalehdistä; mutta ennen muuta hän oli kiinnostunut eksoottisista maailmankolkista ja tutkimusmatkoista ~ sen vuoksi hän kutsuikin romaanejaan *merkillisiksi matkoiksi*. Kirjailijana hän oli sekä älykkösalonkien leijona että nopea tekstinsuoltaja ~ ennen muuta hommansa osaava ammattimies.

Kuten kaikki Verneä lukeneet tietävät, tekninen edistys kyllä kiehtoi häntä, mutta hän ei ollut kiinnostunut koneista ja laitteista itsetarkoituksena, vaan niiden avaamista mahdollisuuksista muut-

taa ihmisten arkea. Romaanissa *Maailman ympäri 80 päivässä* –
joka tuli minua nuoremmille lapsuudessa tutuksi japanilais-espan-
jalaisena piirrossarjana – englantilainen herrasmies Phileas Fogg
tunnetusti pelastaa intialaisen ylhäisökaunottaren leskenpolttose-
remonialta ja menee tarinan säteileväksi lopuksi tämän kanssa
naimisiin. Oleellista ei pohjimmiltaan ole se, millaisilla kulkupe-
leillä Fogg taittaa matkaansa, vaan se, että hän uuden tekniikan
ansiosta pääsee näkemään maailmaa ja tutustumaan siinä sivussa
myös prinsessaansa.

Salaperäisessä saaressa (jonka minun ikäiseni muistavat par-
haiten Franco Capriotin ja Claudio Nizzin italialaisena sarjaku-
vasovituksena, elleivät sitten televisiosarjana) tekninen sivilisaatio
henkilöityy amerikkalaiseen insinööri Cyrus Smithiin – kuten ta-
vallista, Verne ihailee englanninkielistä maailmaa, jolle hänen ro-
maaneissaan on ominaista niin taloudellinen toimeliaisuus kuin
tekninenkin osaaminen. Mutta tässä robinsonadissa insinööritie-
teen tehtävä on helpottaa haaksirikkoisten elämää rakentamalla
asumuksia ja luomalla tarvekaluja luonnosta löytyvistä aineksista
tilanteessa, jossa teollisesti tuotettuja koneita ja laitteita ei ole
saatavana – tekniikka liittyy luontevasti käden taitoihin eikä vielä
erota ihmistä luonnosta. Futuristinen huipputeknologia, jota saa-
ren maailmassa edustaa sinne piiloutuneen, jo kuolemaa tekevän
kapteeni Nemon Nautilus-sukellusvene, on romaanin keskeisen
teeman kannalta lähinnä häiriötekijä.

Verneäkään ei toki voi pitää kovin syvällisenä, ja hänelläkin
henkilöt ovat pikemminkin valmiita, arkkityyppisiä vakiohahmoja
kuin yksilöitä tai persoonallisuuksia. Esimerkiksi äreän ja äkkipi-
kaisen, mutta pohjimmiltaan reilun ja oikeudenmukaisen merimie-
hen klisee esiintyy sekä *Salaperäisessä saaressa* (Pencroft) että
romaanissa *Sukelluslaivalla maapallon ympäri* (Ned Land), eikä
ole vaikea arvata Hergén luoneen kapteeni Haddockinsa näiden
mallien mukaan. Omissa maailmoissaan haahuileva professori Tu-
hatkauno taasen muistuttaa Vernen *Viisitoistavuotiaan kapteenin*
hyönteistutkija Benedictiä (jonka moni muistaa varmaankin "Be-
nedetto-serkkuna", koska tämäkin klassikko julkaistiin lapsuudes-
sani italiasta käännettynä sarjakuvana).

Säätiö-trilogian alussa sankarit ovat kuitenkin paljon pahvisempia kuin Vernellä, mikä toki sopiikin psykohistorialliseen näkemykseen suurmiehistä Seldonin kuolleen käden tahdottomina työkaluina. Hober Mallow on ensimmäinen oikea persoonallisuus – hänen vastustajansa Käärme-Sutt ei vielä vaikuta uskottavan pelottavalta arkkikonnalta. Onneksi työn laatu paranee sitä mukaa kun Asimov oppii paremmaksi kirjailijaksi ilahduttaen meitä Muulin ja Preem Palverin kaltaisilla moraaliltaan monitulkintaisilla hahmoilla. Palver on aluksi vain hyväntahtoinen juntti maatalousplaneetaksi taantuneelta Trantorilta, mutta sittemmin osoittautuu, että hän ei olekaan pelkkä yksinkertainen maamies eikä Trantor mikään junttila, vaikka siltä näyttääkin. Tätä yllättävää paljastusta kirjailija panttaa *Toisen Säätiön* loppusivuille asti, joten en aio tässä selittää sitä tarkemmin. Myös henkilögallerian molemmat naiset, Bayta ja Arkady Darell, ovat eläviä ja mieleenpainuvia persoonia, aivan toisella tavalla kuin suurin osa latteista mieshahmoista.

Kirjallisuus on kielen taidetta ja kielitiede on tiede sekin, mutta tieteiskirjailijat pakkaavat olemaan sokeita kielen keinoille, varsinkin muiden kielten kuin englannin; poikkeuksiakin toki on, esimerkiksi portugalin taidollaan *Ender*-sarjassa pröystäilevä Orson Scott Card ja klassikoista Robert A. Heinlein, joka romaanissa *Kuu on julma* kehitteli venäläisvaikutteista tulevaisuuden englantia hieman samaan tapaan kuin Anthony Burgess *Kellopeliappelsiinissa*. Asimov ei mennyt alkuperäisessä *Säätiö*-trilogiassa kovin pitkälle kielellisten kokeilujen osalta – sarjan myöhäisissä jatko-osissa toki sitäkin enemmän kehitellessään Trantorille ja sen kaupunginosille omaa slangia ja murretta.

Kuitenkin jo sarjan alkuosassa Asimov osoittaa olevansa tietoinen niistä kielellisistä seurauksista, joita linnunradan reunan irtautuminen keskuksen vallasta aiheuttaa. Kun Pirenne ja muut tiedemiesneuvoston miehet vielä koettavat vedota Terminuksen viralliseen asemaan imperiumin osana ympäröivien kuningaskuntien jo täyttä häkää itsenäistyessä, heidän tuekseen saapuu viralliselle vierailulle keisarin hoviherra, lordi Dorwin, joka on niin hieno, ettei äännä r-kirjaimia ollenkaan, varmaankin siksi että se olisi liian vulgaaria ja brutaalia. Englanniksi tämä toimii oikein hyvin, koska englantia puhuvassa maailmassa ärrättömien ja ärrällisten ääntämysten vastakkaisuudella on usein merkitystä esimerkiksi sosiaalisten murteiden kannalta; suomentaja joutui turvautumaan sellaiseen hätäratkaisuun kuin ärrän korvaamiseen ällällä, joten lordi paheksui Säätiön naapurikuningaskuntia "balbaalisina" planeettoina. Omassa iirinnöksessäni annoin lordin yksinkertaisesti puhua kielen etelämurteille – Kerryn ja Corkin kreivikunnassa puhutuille – ominaisia kielioppimuotoja käyttäen, koska iirinkielisyysliikkeen alkuaikoina pääkaupungin kielenharrastajat tunnisti juuri näiden murteiden usein yliampuvasta jäljittelystä.

Säätiössä ja Imperiumissa taas Asimov, sen sijaan että pyrkisi erityisesti jäljittelemään erilaisia murteita, antaa henkilöiden puhua ainakin äänteiden ja kieliopin osalta jota kuinkin yhtä ja samaa englantia. Hän muistuttaa kielellisten vastakohtaisuuksien olemassaolosta toisella tavalla: kun säätiöläinen kauppias Lathan Devers joutuu imperiumilaisten sekaan, nämä huomauttelevat yhtä mittaa hänen kielenkäyttönsä vanhanaikaisuudesta ja barbaarisuudesta. Asimov ei kuitenkaan muovaa Deversin kieltä sen mukaisesti – huomiota herättää ainoastaan hänen länkkärisankarimaisen egalitaarinen asenteensa, kun hän puhuttelee Imperiumin isoja herroja vain geneerisesti pomoiksi tai päälliköiksi. Itse asiassa vähän surettaa, ettei Asimov varhaiskaudellaan kirjoittanut avaruuteen sijoittuvia lännentarinoita, joissa Säätiön kauppiaat olisivat toimineet samantyyppisinä hahmoina kuin vaeltavat revolverimiehet westerneissä. Sekä Deversissä että Hober Mallowissa oli jo yritystä siihen suuntaan, samoin *Muuli*-tarinan kapinallisissa kauppiaissa.

Kun Muuli – joka esiintyy oikean Muulin hovista karanneena narrina – lyöttäytyy Bayta ja Toran Darellin matkaan, hänen tapansa puhutella Baytaa mielistellen jaloksi ja kauniiksi rouvaksi käy Toranin hermoille; tällöin Bayta kehottaa Torania rauhoittumaan, koska puhetapa *on vain hänen murteensa*. Tämä on mielenkiintoinen tapa käyttää "murteen" käsitettä, mutta sen takana ovat englannin kielen etnolektit, etniset murteet, joita syntyy kun eri kulttuureista kotoisin olevat maahanmuuttajaryhmät ryhtyvät puhumaan valtakieltä mutta samalla säätävät mahdollisuuksien mukaan sen omien kulttuuristen erityistarpeidensa mukaiseksi.

Näin esimerkiksi monien aasialaisten kielten mutkikkaat kohteliaisuusjärjestelmät synnyttävät uusia tapoja puhua valtakieltä, ja Amerikan sulatusuunin tyypillinen tuote Asimov oli varmasti kuullut kasvinvuosinaan hyvin monenlaista siirtolaisenglantia, myös itäaasialaisperäistä. Kukaties se oli innoittanut hänen Muulille keksimäänsä puhetyyliä.

Säätiö-trilogia on genreklassikko, muttei todellakaan ole kaikilta osin Asimovin parasta tekstiä. Novelleista esimerkiksi tiivistunnelmainen C-Chute ~ kertomus joukosta Maan asukkaita, jotka klooria hengittävien muukalaisten sotavangeiksi jouduttuaan päättävät keskinäisistä ristiriidoistaan huolimatta nousta kapinaan ~ päihittää kevyesti kaikki Säätiö-tarinat. Tietysti Säätiötrilogian aikana Asimov oli vasta kehittymässä lukemistosenttarista oikeaksi kirjailijaksi, ja jos koko trilogian lukee yhtä soittoa, siitä jää oikeastaan ansaittua parempi mielikuva, koska kertojantaidot paranevat tarina tarinalta aivan silminnähden.

www.ingramcontent.com/pod-product-compliance
Lightning Source LLC
Chambersburg PA
CBHW031446280326
41927CB00037B/370